Welcome to your new Gardener's Puzz[illegible] from the
Lady Muck Style range, which we do ho[illegible] will enjoy!

Green fingered, Lady Muck is a bit of a character, [illegible]lly found with a wine glass in one hand, a gardening hoe in the other, gr[illegible]ng. Her adventures and antics, immortalised in her Lady Muck Style mag[illegible]ine columns, have been making readers laugh out loud for over ten years. A lovable and fun-loving gardener, Her Ladyship and digger-in-crime, Lord Muck, have shown that growing stuff doesn't have to be difficult or dull.

And like so many gardeners, she loves puzzles.
Especially gardening-themed puzzles.
Perfect when you want to take a break or if
bad weather has you cooped up inside.

Happy Puzzling!

For more information visit
www.ladymuck.style

Lady Muck Style

AMUSING ANECDOTES & ADVICE

**www.ladymuck.style**


Published by Timga Publishing www.timgapublishing.com

## Puzzle 1 – Flower Power Word Scramble

**Unscramble each word associated with the beautiful plants and flowers in your garden!**

| | | | |
|---|---|---|---|
| eslellbuB | = ________ | ecnmCyal | = ________ |
| uOtshanms | = ________ | uanrGiem | = ________ |
| iuHisscb | = ________ | Larnumub | = ________ |
| kwrleieiPn | = ________ | mreneoFtogt | = ________ |
| ostoateeCrn | = ________ | aunrGmei | = ________ |
| mJsanei | = ________ | eeerbHoll | = ________ |
| iCeltmas | = ________ | hailDa | = ________ |
| eolPantlti | = ________ | eulLra | = ________ |
| eSwonulsrf | = ________ | lavSai | = ________ |
| ymeraRso | = ________ | catriDne | = ________ |
| tntaoiPse | = ________ | eeAmonn | = ________ |
| zaaeAl | = ________ | lioGdali | = ________ |
| aeLoilb | = ________ | oMnreittba | = ________ |
| mehDnipliu | = ________ | pSdrsnwoo | = ________ |
| ereLdanv | = ________ | alVeeroA | = ________ |
| cliLa | = ________ | hadiehlluPps | = ________ |
| corCsu | = ________ | glaMoani | = ________ |
| Dldfioaf | = ________ | ascrsiiN | = ________ |
| olPhx | = ________ | awteSe eP | = ________ |
| Tpiul | = ________ | triaueAb | = ________ |

## Puzzle 2 – Gardening Word Search

**Find and circle the gardening themed words in the grid. Remember to look for them in all directions, including diagonally and backwards!**

| | | | | | | | | | | | | | | | | | |
|---|---|---|---|---|---|---|---|---|---|---|---|---|---|---|---|---|---|
| D | Y | W | G | S | O | L | L | K | B | D | U | L | C | V | S | E | Y |
| W | A | N | W | E | X | T | R | O | T | P | J | Y | O | H | E | T | E |
| S | D | H | L | E | H | C | S | D | R | F | H | T | E | U | F | D | K |
| R | I | P | B | D | W | P | B | C | A | Z | X | C | S | R | V | L | C |
| A | P | R | V | S | G | A | P | F | N | N | R | O | C | K | E | R | Y |
| S | H | O | V | E | L | T | C | C | S | W | X | N | M | N | D | Y | Q |
| E | T | P | F | R | M | O | B | H | P | E | U | T | V | Q | I | H | H |
| M | R | A | J | C | N | I | S | S | L | E | X | A | W | X | V | M | F |
| Z | H | G | R | O | F | N | I | E | A | D | W | I | F | T | I | S | I |
| Z | I | A | N | M | F | X | V | C | N | I | Y | N | U | A | D | Z | N |
| L | R | T | H | P | M | Y | D | A | T | N | L | E | T | X | I | G | T |
| C | R | I | I | O | X | N | H | T | I | G | P | R | M | V | N | L | L |
| B | P | O | W | S | T | G | B | E | N | G | R | S | J | M | G | O | Y |
| K | F | N | C | T | I | C | H | U | G | A | U | H | G | E | W | V | K |
| R | Z | Q | D | I | E | B | G | R | E | E | N | H | O | U | S | E | K |
| B | Y | O | G | N | M | H | Q | S | S | P | E | C | L | X | S | S | O |
| S | Q | V | B | G | E | R | M | I | N | A | T | I | O | N | C | E | V |
| P | O | W | H | E | E | L | B | A | R | R | O | W | H | O | I | A | B |

Seeds
Shovel
Dividing
Containers
Propagation

Prune
Rockery
Secateurs
Composting
Wheelbarrow

Gloves
Weeding
Greenhouse
Germination
Transplanting

## Puzzle 3 – Bee Happy Maze

Help our beautiful bees find their way back home, through the maze to the Happy Hive!

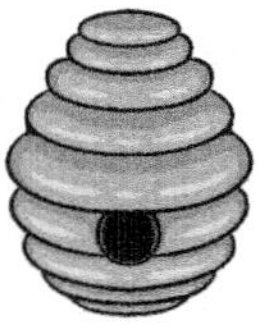

## Puzzle 4 – Testing Trivia

Let's see how good you are with
gardening-themed Trivia Questions!

1. Which flower has the smallest seeds?

2. Which Flower is also the Goddess of the Rainbow in Greek Mythology?

3. What is the name given to the technique of clipping hedges into ornamental shapes?

4. What is the common name for Salix Babylonica?

5. Which King created the Hanging Gardens of Babylon?

6. Most species of Eucalyptus are native to which country?

7. Helianthus is another name for which flower?

8. What word is used to describe plants that like acid soil?

9. Which fruit was cultivated from crossing a blackberry and a raspberry?

10. The Major Oak, one of the most famous and visited trees in England, is found in which forest?

# Puzzle 5 – Juicy Fruity Word Puzzle

**Think of the tasty fruits you'd find in an orchard and you'll be on the right track!**

*Across*:

2. Brazilian super berry
3. What a lovely couple
4. Loved by the Romans (Ficus Carica)
5. Would be at home in the All Blacks Rugby Team
6. My favourite kind of Bakewell Tart
7. Lovely in a G&T
8. Could be referring to a type of fruit or a tomato
9. Fruit similar to peaches

*Down*:

1. Perfect berry to have with cream
8. Very popular on Halloween
10. Monday and feeling blue?
11. Third wheel on a date
12. Oh my darling
13. Orange official?

## Puzzle 6 – Super Sudoku

Each row, column and square (of 16 blocks each) needs to contain the numbers 1 through to 16 without repeating any numbers within the same row, column or square

| | | | | | | | | | | | | | | | |
|---|---|---|---|---|---|---|---|---|---|---|---|---|---|---|---|
| | 11 | | | 3 | 8 | | | | 9 | 1 | 15 | | | 14 | |
| | 14 | | | | | | | 11 | 6 | | | 9 | | | |
| | 8 | | | | | | 9 | 5 | | | | | | | |
| | | | | | | | | | | | 14 | | | | 5 |
| | | | 14 | 11 | 16 | | 3 | | | | | | | 4 | |
| 9 | | | 11 | | | | | 3 | | | 16 | | | | |
| | | | | 9 | 5 | | 13 | | | 11 | 1 | | 3 | | |
| 3 | | | | | | | 4 | | 14 | | | | | | |
| | | | | | | 14 | 5 | | | 15 | | | 9 | | |
| 6 | | 12 | | | | | | 13 | | | 3 | | | 5 | |
| | 7 | | | | | | 15 | | | 9 | | 4 | | 8 | |
| | | | 4 | | | | | | | | 6 | | | | |
| | | | | | | | | | | | | 11 | | | |
| | | | 12 | 5 | | 11 | | 1 | | | | | 6 | | |
| | | 14 | | | | | | 6 | | | | 5 | | | |
| 8 | | 6 | | 16 | | | 12 | 7 | | 10 | 11 | | | | 13 |

## Puzzle 7 – Home Bird

Help our cute little birdie find its way back home, through the maze to the nest hidden in its favourite tree!

## Puzzle 8 – Munching Word Search

**Find and circle each word associated with the things that help Gardeners protect plants from those munching Slugs & Snails! Remember to look for them in all directions, including diagonally and backwards!**

| | | | | | | | | | | | | | | | | | |
|---|---|---|---|---|---|---|---|---|---|---|---|---|---|---|---|---|---|
| S | V | Y | I | Y | A | D | G | M | H | P | S | Y | P | F | H | F | E |
| S | G | R | H | S | S | O | C | Y | X | X | D | A | D | Z | W | E | L |
| B | P | N | B | C | R | I | P | L | O | T | N | B | L | U | R | G | C |
| T | W | A | I | Z | L | W | E | F | E | V | U | D | W | T | C | G | P |
| Y | L | H | R | R | B | U | G | O | O | S | O | B | D | Z | F | S | E |
| O | W | K | A | T | R | B | M | E | K | D | R | X | W | V | W | H | X |
| D | L | G | E | C | R | E | K | F | Q | R | G | A | V | Z | U | E | Z |
| R | W | V | D | U | S | E | P | J | N | I | E | R | U | U | F | L | D |
| Y | S | L | R | T | O | P | E | P | U | B | E | F | A | P | O | L | L |
| W | Y | E | A | P | X | V | H | B | O | K | F | C | D | V | F | S | Y |
| E | I | O | H | E | D | X | F | E | U | C | F | I | Y | B | E | W | Y |
| A | F | X | R | C | M | Y | E | Q | T | A | O | D | W | V | Y | L | M |
| T | W | K | N | V | O | T | D | C | O | L | C | O | Z | V | R | S | M |
| H | G | H | E | F | Q | L | A | B | S | B | O | A | Z | Y | D | B | H |
| E | R | O | O | B | R | O | C | O | L | F | R | N | V | A | G | W | E |
| R | W | Q | J | N | R | Q | K | N | E | M | A | T | O | D | E | S | A |
| S | Q | C | G | X | A | C | D | H | S | L | D | T | H | T | V | N | K |
| S | L | S | G | O | R | F | Y | B | Q | Z | U | Y | E | K | Q | V | K |

| | | |
|---|---|---|
| Salt | Mulch | Frogs |
| Toads | Gravel | Garlic |
| Oatmeal | Cloches | Nematodes |
| Blackbirds | Egg Shells | Beer Traps |
| Dry Weather | Copper Rings | Coffee Grounds |

## Puzzle 9 – Killer Kakuro Puzzle

Each puzzle consists of a blank grid with sum-clues in various places. The object is to fill all empty squares using numbers 1 to 9 so the sum of each horizontal block equals the clue on its left, and the sum of each vertical block equals the clue on its top. In addition, no number may be used in the same block more than once.

| | | | | | | | | | | | | | | |
|---|---|---|---|---|---|---|---|---|---|---|---|---|---|---|
| | 4↓ | 28↓ | 10↓ | 14↓ | 30↓ | 7↓ | | 11↓ | 18↓ | 26↓ | 30↓ | 42↓ | 3↓ | 9↓ |
| 27→ | | | | | | | 36→ 33↓ | | | | | | | |
| 22→ | | | | | | 36→ 27↓ | | | | | | | 5→ 41↓ | |
| | 32→ 45↓ | | | | | | | 23→ 1↓ | | | | | | 36↓ |
| 10→ | | | 23→ 25↓ | | | | | | 28→ | | | | | |
| 5→ | | 4→ 9↓ | | 18→ 37↓ | | | | 9↓ | 24→ 15↓ | | | | | |
| 20→ | | | | | 27→ 28↓ | | | | | 18→ 24↓ | | | | |
| 2→ | | 17→ 4↓ | | | | | | 29→ 35↓ | | | | | | |
| 29→ | | | | | | | 3→ 10↓ | | 4→ 27↓ | | 13→ 1↓ | | | |
| 6→ | | 12→ 8↓ | | | | 20→ | | | | | | 8→ 27↓ | | |
| 9→ | | | 8→ 9↓ | | | 30→ 22↓ | | | | | 14→ 16↓ | | | |
| 31→ | | | | | | | 27→ 4↓ | | | | | | 6→ 10↓ | |
| 9→ | | 17↓ | 30→ 5↓ | | | | | | | 13→ 4↓ | | | | |
| | 30→ 7↓ | | | | | | 28→ 7↓ | | | | | | | 9↓ |
| 16→ | | | | | | 7→ | | 1→ | | 24→ | | | | |

## Puzzle 10 – Culinary Herbs Word Puzzle

**Think of the delicious herbs you'd find in your kitchen garden and you'll be on the right track!**

*Across*:

1. Evergreen herb with blue flowers
4. Often found in the stuffing on Christmas Day
5. Tick Tock herb
7. Called 'Cilantro' in Spain
12. Anise-like flavour
13. Tastes like celery
14. Great for pickles
15. Similar to oregano

*Down*:

2. Beautiful smelling herb that repels whitefly
3. Herb whose scent is hated by ants
6. Mild alternative to spring onions
8. Sweet smelling herb often used on pizzas
9. Can be flat-leaved or curly
10. Classic herb used in bouquet garni
11. Liquorice-like flavour

## Puzzle 11 – Testing Trivia

Let's see how good you are with
Trivia Questions about Herbs!

1. Which of the following herbs is known to be invasive and best grown in a container - Thyme/Mint/Oregano?

2. What is a physic garden primarily used for?

3. Which herb is believed to deter mosquitoes with its scent?

4. What herb is known for its relaxing properties as well as being often used in fragrances?

5. What is the common name of Allium Sativa?

6. What type of flavour does Fennel have?

7. Which herb is the main ingredient in Pesto?

8. Which herb with a sweet, peppery flavour has a name that means 'joy of the mountain' in Greek?

9. Thyme, Basil, Lemon Balm, Oregano, Lavender, Rosemary and Sage are all members of what family?

10. What 4 herbs feature in the title of the 1966 studio album by Simon& Garfunkel?

## Puzzle 12 – Veggie Word Scramble

**Think about all the tasty vegetables and herbs you would find growing on your allotment or in your kitchen garden, then simply unscramble each of the words below!**

| | | | |
|---|---|---|---|
| icbolcor | = ________ | rgueieban | = ________ |
| trcsoar | = ________ | etutgrceo | = ________ |
| tleectu | = ________ | cbgbeaa | = ________ |
| snbeuerra nn | = ________ | oetetbro | = ________ |
| cwsneteor | = ________ | ucrceubm | = ________ |
| nrnni isgopo | = ________ | saolstlh | = ________ |
| soatmteo | = ________ | irwahcdsss | = ________ |
| hccyroi | = ________ | elfnen | = ________ |
| icorneadr | = ________ | reockt | = ________ |
| asqshu | = ________ | dba nbesaor | = ________ |
| icyhcro | = ________ | eclrey | = ________ |
| esrhadis | = ________ | totosepa | = ________ |
| swdee | = ________ | aersylp | = ________ |
| leaccrei | = ________ | eslke | = ________ |
| laoweruiflc | = ________ | spea | = ________ |
| aekl | = ________ | osionn | = ________ |
| cvshei | = ________ | nuript | = ________ |
| rciagl | = ________ | loorsl sool | = ________ |
| asrnipp | = ________ | aiorblhk | = ________ |
| eepprps | = ________ | neoorag | = ________ |

## Puzzle 13 – Happy Hour

**Disaster! Lord Muck promised Lady Muck a picnic, but is out of wine - can you save the day and get the wine delivery across the maze in time?**

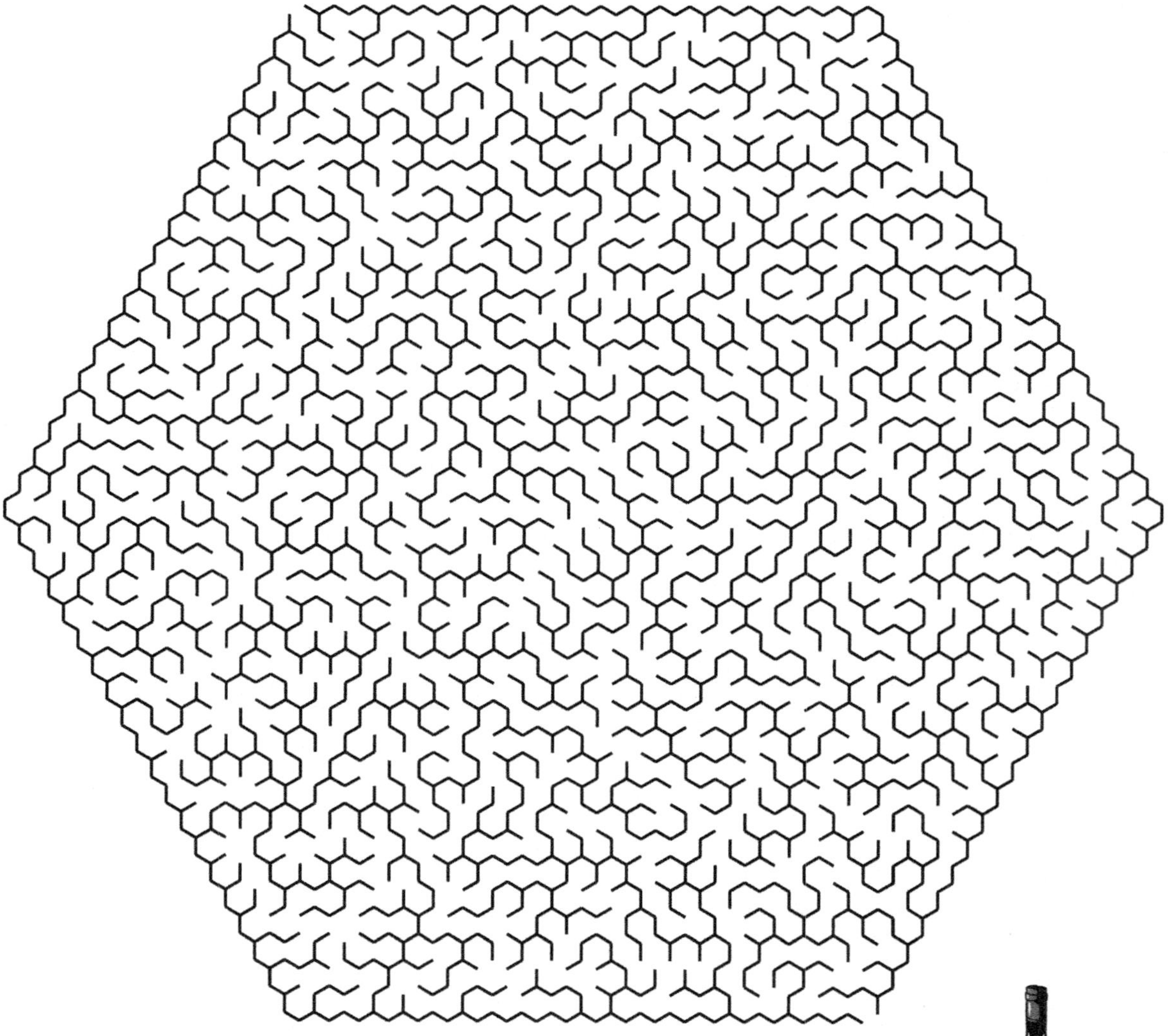

## Puzzle 14 – Pesky Pests Word Search

**Find and circle the pesky garden pests mentioned in the grid. Remember to look for them in all directions, including diagonally and backwards!**

| | | | | | | | | | | | | | | | | |
|---|---|---|---|---|---|---|---|---|---|---|---|---|---|---|---|---|
| Q | W | O | O | L | Y | A | P | H | I | D | S | K | Y | Z | Z | U |
| B | A | K | S | G | U | B | Y | L | A | E | M | L | L | D | W | A |
| O | I | H | P | P | W | Z | C | T | O | R | R | I | U | K | O | N |
| G | O | O | C | C | A | T | E | R | P | I | L | L | A | R | S | P |
| V | G | R | X | M | B | L | A | C | K | F | L | Y | I | N | Q | Y |
| X | R | D | V | R | X | J | N | X | K | J | Y | B | R | Z | L | S |
| Z | Y | O | N | B | U | J | Y | S | O | C | Q | E | X | F | G | E |
| O | Y | O | L | P | N | B | F | E | Q | V | H | E | E | T | B | T |
| O | I | O | G | E | J | Z | H | U | U | H | R | T | V | X | U | I |
| O | B | A | V | I | N | E | W | E | E | V | I | L | S | A | L | M |
| K | S | F | X | N | Q | Z | Q | R | S | H | O | E | R | Y | G | R |
| H | C | E | X | D | H | Y | T | L | W | T | P | S | Y | J | C | E |
| K | Z | Z | S | G | U | B | D | I | S | P | A | C | R | I | C | D |
| M | C | L | I | P | T | R | J | F | J | D | B | R | J | N | Y | I |
| J | M | K | H | N | E | B | Q | W | T | T | X | T | S | X | D | P |
| I | D | N | Z | R | R | X | D | J | K | Q | V | W | T | C | Z | S |
| V | S | L | X | V | A | C | H | E | D | O | X | J | S | U | K | V |

Rats
Mealy Bugs
Caterpillars
Wooly Aphids
Whitefly
Capsid Bugs
Vine Weevils
Blackfly
Lily Beetles
Spider Mites

# Puzzle 15 – Garden Activities Word Scramble

**Unscramble all the words and phrases associated with all the lovely things you can do in a Garden!**

| | | | |
|---|---|---|---|
| oe RadBok a | = ___________ | ubatSnhe | = ___________ |
| Ralex | = ___________ | eauberBc | = ___________ |
| oSonez | = ___________ | nlgbwiSla | = ___________ |
| atSa  rts ehteGaz | = ___________ | iPcnic | = ___________ |
| rmCeiel Tbs | = ___________ | nu aDdBile | = ___________ |
| nmGiatssyc | = ___________ | nesinT | = ___________ |
| Bdtiwrhac | = ___________ | hteckS | = ___________ |
| niPta | = ___________ | lroJnau | = ___________ |
| Rtsnikc Poa | = ___________ | dtieMeta | = ___________ |
| oagY | = ___________ | Ecsxreie | = ___________ |
| sbeyielP aFr | = ___________ | umpCOat | = ___________ |
| rrt enGPdaay | = ___________ | oO rkutW | = ___________ |
| erFotwCou id | = ___________ | FieBrau id l | = ___________ |
| eroBfni | = ___________ | lg ooidPPanld | = ___________ |
| T teefnaooArn | = ___________ | nchuats etWS | = ___________ |
| aenDc | = ___________ | Gt Curshte as | = ___________ |
| ihTCia | = ___________ | MnoneCgof rfi | = ___________ |
| obPaolyl Flat | = ___________ | ecllCoor sCkent | = ___________ |
| twyhP Doit hglae | = ___________ | ietsSklt | = ___________ |
| nhSae csWitur | = ___________ | etsmleloRSeh s | = ___________ |

# Puzzle 16 – One, Two, Tree Crossword

**Think of Trees around the world and you'll be on the right track!**

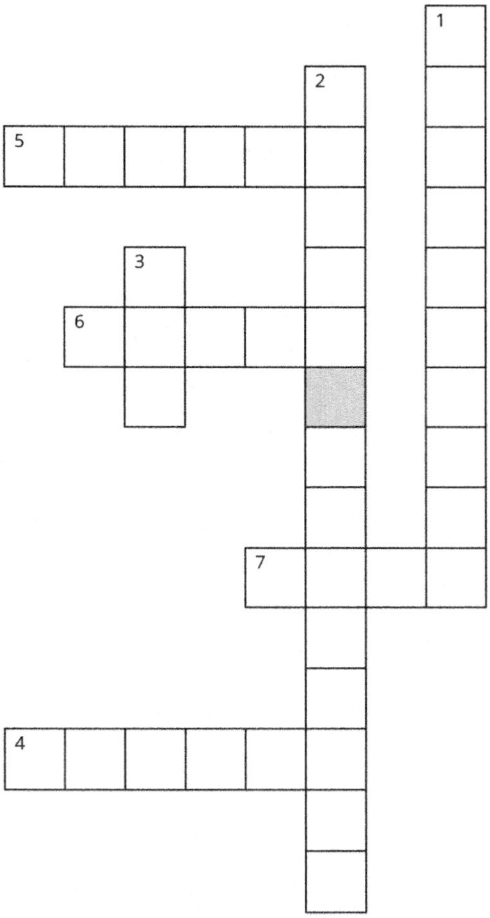

Across
4. What kind of gas do trees produce that help us Humans?
5. Which is the fastest growing tree type?
6. Acer is a genus of trees commonly known by what name?
7. Which trees are a traditional feature of churchyards?

Down
1. Australian tree, the oil of which is often turned to during Flu Season
2. The nuts of which trees are commonly called 'conkers'?
3. What tree produces acorns?

## Puzzle 17 – Watch Out For the Mines!

There are a series of mines hidden randomly in the grid.

You need to work out the location of these mines and mark them. To help you work out the location of the mines, some squares have a number in them. This number tells you the number of mines that are hidden in adjacent squares to that one (up, down, left, right, and diagonal) Squares that contain a number cannot contain a mine. Squares that are blank can contain a mine or may be empty.

| | | | | | | | | | | | | | | | |
|---|---|---|---|---|---|---|---|---|---|---|---|---|---|---|---|
| | | 1 | | | | | | 1 | | | | | 1 | | |
| 1 | 1 | 1 | | 1 | 1 | 2 | 1 | 2 | | | | | 2 | 1 | 1 |
| | 1 | 1 | 1 | 1 | | | | | | | | | | | |
| | 1 | | | | | | | | | | | | 2 | 1 | 1 |
| | 1 | | | | | | | | | | | | 1 | | |
| 1 | 1 | | | | | | | | | | | | 1 | 1 | 1 |
| | | | | | | | | | | | | | | | |
| | | | | | | | | | | 2 | 1 | 2 | | 2 | 1 |
| 2 | 3 | | | | | | | | | 1 | | 2 | | 2 | |
| | 2 | | | | | | | | | 1 | | 1 | | 1 | |
| | 2 | | 3 | 2 | 1 | 2 | | | | 1 | | 1 | | 2 | 1 |
| 1 | 2 | | 1 | | | 1 | | 2 | 1 | 1 | 1 | 2 | | | |
| | | | 1 | 1 | 1 | 1 | 1 | 1 | | 1 | | | | 2 | 1 |
| | | | | | 1 | | | | | 1 | 2 | | | 1 | |
| | | | | 2 | 1 | | | | | | 1 | | | 1 | 1 |
| | | | | 1 | | | | | | | 1 | | | | |

## Puzzle 18 – Testing Trivia

Let's see how good you are with
Trivia Questions about Plants and Flowers!

1. Which flower is sometimes called the 'Sword Lily'?

2. What name is given to the pollen-producing reproductive organ of a flower composed of an anther and a filament?

3. Saffron comes from which type of flower?

4. Azaleas are flowering shrubs in which genus?

5. Which popular Christmas plant with red flowers gets its common name from the first American Minister to Mexico?

6. Which flower inspired the William Wordsworth poem 'I wandered lonely as a cloud'?

7. Who wrote the book 'The Chrysanthemums'?

8. Which flower's name comes from the Latin word for Star?

9. What colour are the flowers of the Mock Orange, Philadelphus?

10. Erica Carnea is an example of which winter-flowering, low growing shrub?

## Puzzle 19 – Hattie Hedgehog

SOS! Hattie Hedgehog is desperate to get home to her kids, Harry, Henry and Helena, but can't remember the way. Can you help?

## Puzzle 20 – Climbers & Creepers Word Search

Find and circle the Climbers & Creepers mentioned in the grid.
Remember to look for them in all directions,
including diagonally and backwards!

| | | | | | | | | | | | | | | | |
|---|---|---|---|---|---|---|---|---|---|---|---|---|---|---|---|
| X | G | R | A | P | E | V | I | N | E | X | B | G | P | W | K |
| J | T | Q | L | B | W | O | M | M | B | E | G | O | N | I | A |
| E | V | O | A | P | Y | R | A | C | A | N | T | H | A | S | C |
| K | I | C | E | A | N | O | T | H | U | S | V | J | G | T | S |
| V | Y | D | M | H | A | C | L | E | M | A | T | I | S | E | I |
| A | X | K | A | O | P | K | P | J | B | H | Z | S | E | R | J |
| L | N | I | I | D | A | T | X | M | U | E | H | K | Y | I | Y |
| M | U | X | D | U | S | R | E | I | G | D | Y | A | N | A | I |
| H | O | N | E | Y | S | U | C | K | L | E | D | J | I | Z | P |
| F | M | F | N | S | I | M | L | H | E | R | R | K | C | P | M |
| B | N | U | H | T | F | P | H | C | W | A | A | S | W | L | R |
| X | S | C | A | R | L | E | R | H | E | A | N | E | S | N | S |
| A | N | H | I | U | O | T | K | W | E | G | G | R | T | C | Y |
| O | G | S | R | K | R | G | H | Q | D | D | E | H | F | Y | M |
| R | R | I | A | J | A | D | F | G | J | U | A | S | K | C | L |
| J | J | A | S | M | I | N | E | O | A | I | P | F | Y | N | Y |

Hedera
Begonia
Hydrangea
Bugleweed
Maidenhair

Jasmine
Wisteria
Ceanothus
Pyracantha
Honeysuckle

Fuchsia
Clematis
Grapevine
Passiflora
Rocktrumpet

## Puzzle 21 – Super Sudoku

Each row, column and square (of 16 blocks each) needs to contain the numbers 1 through to 16 without repeating any numbers within the same row, column or square

| | | | | | | | | | | | | | | | |
|---|---|---|---|---|---|---|---|---|---|---|---|---|---|---|---|
| 7 | 2 | 11 | | | | 6 | | | 15 | 9 | 3 | | | | |
| 5 | | 15 | 12 | | | | | | | | | 10 | 9 | | |
| 16 | | 1 | | | | | 9 | | | | | 8 | 4 | | |
| | 9 | 14 | | 2 | 4 | | | | 5 | | 11 | 1 | | | 7 |
| 14 | | 8 | | 4 | 1 | 2 | | | | 5 | 15 | | | | |
| | 16 | | | | | 14 | 6 | | | | | | 8 | | |
| 6 | | | | 8 | | | 3 | | 2 | | | | 7 | | 4 |
| 12 | | | 4 | | | 16 | | | | 11 | | | 3 | | |
| | | | 2 | | | 5 | 14 | | 8 | | | | 15 | 9 | 16 |
| | | | | 3 | | | | | | | | | 10 | | 8 |
| | 15 | | | 10 | | 8 | 2 | 9 | 16 | | | 12 | | | 14 |
| | 5 | | | | 15 | | 4 | | | | | | | | |
| | 12 | | | | 14 | | 7 | 11 | 3 | 8 | | 4 | 1 | | 9 |
| 2 | | | | | 8 | | | 15 | | | | | | | 6 |
| 10 | | | | | 3 | | | | | | 14 | | 11 | 8 | 12 |
| 4 | | 9 | | | | 1 | | 16 | 13 | | 7 | 5 | | | |

## Puzzle 22 – Fruit & Veg Word Scramble

**Unscramble each word associated with the tasty fruit and vegetables you would find growing all around the world!**

aSytbrwerr = __________

ryaesrpbR = __________

mrcbCeuu = __________

bAeuigern = __________

iocorclB = __________

ionnO = __________

pepAl = __________

ofawClrielu = __________

pPasinr = __________

piaSnhc = __________

noemrlWtea = __________

lMnoe = __________

goMna = __________

nFelne = __________

annaaB = __________

bCgaabe = __________

keLe = __________

Snotrcwee = __________

reppeP = __________

Baesn = __________

uyrerblBe = __________

omTmPl otau = __________

tpAiroc = __________

Luetetc = __________

leKa = __________

eachP = __________

rPea = __________

Chyrer = __________

urnpTi = __________

oaotPt = __________

Pnleeipap = __________

ranetdurcR = __________

oaoAvcd = __________

ooBtrtee = __________

eotguCrte = __________

beByckralr = __________

hdsiRa = __________

oermhor tyCTa = __________

eePStwaotto = __________

sLRoso ooll = __________

## Puzzle 23 – Mine Sweeper Puzzle

There are a series of mines hidden randomly in the grid.

You need to work out the location of these mines and mark them. To help you work out the location of the mines, some squares have a number in them. This number tells you the number of mines that are hidden in adjacent squares to that one (up, down, left, right, and diagonal) Squares that contain a number cannot contain a mine. Squares that are blank can contain a mine or may be empty.

| | | | | | | | | | | | | | | | |
|---|---|---|---|---|---|---|---|---|---|---|---|---|---|---|---|
| | | 1 | | | | 1 | | | | | | | | | |
| 1 | 1 | 2 | | | | 3 | 1 | 1 | | 1 | 1 | 2 | 2 | 3 | 2 |
| | | | | | | | | 2 | 1 | 3 | | | | | |
| 1 | 2 | | | | | | | | | | | | | 4 | 2 |
| | 1 | | | | | | | | | | | | | 2 | |
| | 1 | 2 | | 1 | 1 | 2 | | 1 | 1 | 1 | 1 | 1 | | 1 | |
| | | 1 | | 1 | | 2 | | 2 | | | | 1 | | 1 | |
| | | 1 | | 1 | | 1 | | 2 | 2 | 2 | 2 | 2 | | 1 | |
| | | 1 | 1 | 1 | | 1 | 2 | | | | | | | 1 | |
| | | | | | | | 2 | | | | | | | 1 | |
| 1 | 1 | 1 | 1 | 2 | 2 | 1 | 1 | | | | | | | 2 | 2 |
| | | | | | | 1 | 1 | 3 | | | | | | | |
| 1 | 1 | 2 | | 3 | 2 | 1 | | 1 | 2 | 2 | 3 | | | | |
| | | 1 | | 1 | | | | | | | 1 | | | | |
| | | 1 | 1 | 1 | | | | | 1 | 2 | 2 | | | | |
| | | | | | | | | | 1 | | | | | | |

## Puzzle 24 – Eddie The Eagle

Eddie The Eagle has been out hunting all day.
Can you help him find his way through the maze
and back to the nest quick smart?

# Puzzle 25 – Trees Word Scramble

**Unscramble each word associated with the magnificent trees found all around the world!**

| | | | |
|---|---|---|---|
| rdlAe | = __________ | pAepl | = __________ |
| Ahs | = __________ | nseAp | = __________ |
| ehceB | = __________ | iBchr | = __________ |
| xBo | = __________ | reCda | = __________ |
| Cehryr | = __________ | doonwoCtot | = __________ |
| uCbucemr | = __________ | lEm | = __________ |
| cpusyEualt | = __________ | iFg | = __________ |
| thHanrwo | = __________ | Halze | = __________ |
| olcmHek | = __________ | iykrocH | = __________ |
| yHlol | = __________ | nbeoHrma | = __________ |
| uierJnp | = __________ | okpaK | = __________ |
| Karui | = __________ | crLha | = __________ |
| Liem | = __________ | aeMlp | = __________ |
| aOk | = __________ | aerP | = __________ |
| niPe | = __________ | Rowddoe | = __________ |
| onRwa | = __________ | ebRrub | = __________ |
| aasfsssarS | = __________ | uperSc | = __________ |
| Srameyco | = __________ | eurilpeTT | = __________ |
| aWltnu | = __________ | habtieemW | = __________ |
| llowiW | = __________ | Ywe | = __________ |

## Puzzle 26 – Killer Kakuro Puzzle

Each puzzle consists of a blank grid with sum-clues in various places. The object is to fill all empty squares using numbers from 1 to 9 so the sum of each horizontal block equals the clue on its left, and the sum of each vertical block equals the clue on its top. In addition, no number may be used in the same block more than once.

| ■ | 16↓ | 31↓ | 37↓ | 6↓ | 39↓ | 8↓ | 2↓ | 16↓ | 1↓ | ■ | 8↓ | 6↓ | 7↓ | 32↓ |
|---|---|---|---|---|---|---|---|---|---|---|---|---|---|---|
| 45→ | | | | | | | | | | 30→ 7↓ | | | | |
| 18→ | | | | 9→ 45↓ | | | 1→ | | 7→ 8↓ | | 15↓ | 40↓ | 8→ 34↓ | |
| 22→ | | | | | | 9↓ | 12→ 30↓ | | | 26→ 34↓ | | | | |
| ■ | 30→ | | | | | | | 25→ 14↓ | | | | | | |
| ■ | 35→ 30↓ | | | | | | | | 20→ | | | | | |
| 26→ | | | | | | 9→ | | | 9→ 2↓ | | 13→ 22↓ | | | |
| 20→ | | | | | | 35→ | | | | | | | | 4↓ |
| 3→ | | 5↓ | 5→ 14↓ | | | 2→ 31↓ | | 17↓ | 23→ 31↓ | | | | | |
| 19→ | | | | | 21→ 20↓ | | | | | 18→ 9↓ | | | | 23↓ |
| 9→ | | 23→ 22↓ | | | | | 21→ | | | | | | 9→ 8↓ | |
| 27→ | | | | | | | 14→ 7↓ | | | | 8↓ | 15→ 10↓ | | |
| 9→ | | | 15↓ | 20→ 3↓ | | | | 20→ 12↓ | | | | | 4→ 14↓ | |
| ■ | 27→ 3↓ | | | | | | 17→ 5↓ | | | 12→ 2↓ | | | | |
| 19→ | | | | | | 15→ | | | | | | 10→ | | |

## Puzzle 27 – Testing Trivia

Time to test your green thumbs
and gardening knowledge. Enjoy!

1. What is the botanical word for a fruit with a stone, such as a peach, cherry, nectarine, apricot or olive?

2. What is the name of the Flower represented in a stylised form as a fleur-de-lis?

3. Who wrote the poem 'Ah Sunflower'?

4. 'Fortnight Lily' is another name for which flowering plant?

5. Which succulent plant provides the basis for Tequila?

6. From which country do crocosmias, nerines, agapantus gladioli originate?

7. Where would you be most likely to see Rachel de Thame and Bobby Charlton together?

8. How deep should bulbs be planted - once, twice or three times their height?

9. What part of a mother-in-law is used in the naming of popular houseplant?

10. What is the Latin name of a Christmas Rose?

## Puzzle 28 – Winter Word Search

**Find and circle the winter flowering plant names hidden in the the grid. Remember to look for them in all directions, including diagonally and backwards!**

| | | | | | | | | | | | | | | | | | |
|---|---|---|---|---|---|---|---|---|---|---|---|---|---|---|---|---|---|
| J | K | D | A | P | H | N | E | I | M | T | P | A | N | S | Y | C | I |
| J | H | D | F | P | Y | I | O | C | O | I | H | U | L | R | A | A | K |
| P | Y | G | P | O | Y | E | Z | H | Z | Q | G | J | Y | V | U | M | Y |
| Q | Q | W | F | V | B | Q | L | R | N | C | G | T | Y | T | W | E | K |
| A | T | K | E | H | E | E | Z | I | R | U | X | H | T | Y | S | L | V |
| W | I | N | T | E | R | J | A | S | M | I | N | E | G | E | Q | I | E |
| D | I | E | X | T | G | Y | T | T | G | Y | P | A | T | P | C | A | R |
| G | C | V | G | N | E | E | L | M | F | R | V | T | C | U | J | O | P |
| A | P | O | H | B | N | P | N | A | N | J | H | H | P | L | F | S | O |
| M | A | H | O | N | I | A | K | S | Q | B | E | E | R | O | E | L | F |
| N | T | M | O | V | A | X | L | R | Q | N | L | R | I | S | D | A | J |
| U | T | S | N | O | W | D | R | O | P | P | L | W | M | X | A | C | K |
| N | Z | B | E | N | T | R | W | S | F | J | E | Z | R | C | P | O | U |
| M | B | C | A | V | I | O | L | E | T | Q | B | P | O | F | X | N | C |
| H | M | S | H | Q | K | S | Q | W | E | T | O | W | S | J | B | I | W |
| T | K | A | A | L | D | T | S | S | N | L | R | C | E | S | K | T | N |
| A | M | R | W | I | T | C | H | H | A | Z | E | L | V | I | K | E | J |
| A | C | Y | C | L | A | M | E | N | D | E | X | M | J | C | C | R | K |

Pansy
Camelia
Heather
Primrose
Witch Hazel

Daphne
Aconite
Snowdrop
Bergenia
Winter Jasmine

Violet
Mahonia
Cyclamen
Hellebore
Christmas Rose

# Puzzle 29 – Super Sudoku

Each row, column and square (of 16 blocks each) needs to contain the numbers 1 through to 16 without repeating any numbers within the same row, column or square

| | | | | | | | | | | | | | | | |
|---|---|---|---|---|---|---|---|---|---|---|---|---|---|---|---|
| 16 | | 11 | | | | 4 | | | | | | | | | |
| | | | 2 | | 15 | | 8 | 4 | | | | 13 | 1 | 6 | |
| | | | | | | | | | | 11 | | | | 8 | |
| | | | | 1 | 2 | 16 | | | | | | | | 11 | |
| 9 | 16 | 3 | 15 | | 13 | | | 14 | 4 | | | | | | 11 |
| | | | 4 | | | | 1 | | | | | | | 7 | |
| 7 | 14 | 8 | | | 6 | 11 | | | | 2 | | | 9 | | |
| | | | | 14 | 3 | | | | | | | 12 | | | |
| | | | | | | | | 7 | | 5 | | | | | |
| | | 2 | 16 | | 11 | 3 | | | | 4 | | | 14 | | |
| | | 14 | 7 | 8 | | | | 6 | | | | 16 | | | |
| 8 | | | | 6 | | 13 | 15 | | | 9 | | | 7 | 10 | 12 |
| | | | 14 | 12 | 4 | | | 16 | | | | 7 | 3 | | 9 |
| 11 | 1 | | | | | | | 8 | 7 | 12 | | | 10 | | |
| | 7 | | | 15 | | | 9 | | | 14 | | 11 | 16 | | 4 |
| 6 | 4 | | | | | | | 9 | | | | | | | |

# Puzzle 30 – Floral Vowel Puzzle

**Think about all the beautiful flowers that grow from bulbs that you would find in your garden, then simply fill in the missing vowels to complete each word!**

T _ l _ p

H _ _ c _ nth

L _ l _

_ m _ r _ l _ s

Bl _ _ b _ ll

Gr _ p _ H _ _ c _ nth

_ n _ m _ n _

D _ hl _ _

G _ lt _ n _ _

_ _ t _ mn Cr _ c _ s

Fr _ _ s _ _

R _ n _ nc _ l _ s

D _ gs T _ _ th V _ _ l _ t

Z _ ph _ r _ nth _ s

S _ b _ r _ _ n L _ l _

D _ hl _ _

N _ r _ n _

W _ nt _ r _ c _ n _ t _

Tr _ pl _ t L _ l _

P _ n _ _ ppl _ L _ l _

D _ ff _ d _ l

Cr _ c _ s

_ l _ _ m

G _ l _ nth _ s

Fr _ t _ ll _ r _ _

_ r _ s

Sc _ ll _

C _ nn _ L _ l _

Tr _ t _ n _ _

T _ b _ r _ s _

B _ g _ n _ _

C _ m _ ss _ _

Spr _ k _ l _ _

H _ br _ nth _ s

St _ r _ f B _ thl _ h _ m

_ x _ l _ s

Br _ d _ _ _ _

S _ mm _ r H _ _ c _ nth

St _ rnb _ rg _ _

Sl _ m _ L _ l _

## Puzzle 31 – Butterflies & Ladybirds Maze

The beautiful Butterflies are keen to meet up
with their friends, the lovely Ladybirds.
Can you help them find their way to
each other through the maze?

# Puzzle 32 – British Garden Birds Word Scramble

**Unscramble each of the names of Birds that you might find in a garden!**

Ribon = __________

uB eitlT = __________

brdalBcik = __________

fchnafCih = __________

idfncoGlh = __________

o ealreovdlDC = __________

gTSuh oshrn = __________

eaMgpi = __________

kcaawJd = __________

ltaiTC o = __________

peTrreeerec = __________

nRwgedi = __________

iWalieadtPg = __________

pSkwarrwhao = __________

Siksni = __________

aoSlwlw = __________

apBlkcac = __________

edeockG Wporerne = __________

peeRslle Ldsro = __________

Wawlrrel lWiob = __________

HousoraewS rp = __________

te rGaiTt = __________

SrgaitIn = __________

eciGnrhenf = __________

oiodneWgop = __________

ocnDnku = __________

enrW = __________

orawCCnrr io = __________

LioiTlt naetgd = __________

haucthNt = __________

croS ep keWdeaptedototrG = __________

raiefeFdl = __________

uiclnBflh = __________

odrcGlets = __________

trn uMioaHes = __________

ifwtS = __________

hffCfiafch = __________

aJy = __________

TsaiMhr t = __________

Wrr labnaGeerd = __________

## Puzzle 33 – Killer Kakuro Puzzle

Each puzzle consists of a blank grid with sum-clues in various places. The object is to fill all empty squares using numbers from 1 to 9 so the sum of each horizontal block equals the clue on its left, and the sum of each vertical block equals the clue on its top. In addition, no number may be used in the same block more than once.

| | | | | | | | | | | | | | | |
|---|---|---|---|---|---|---|---|---|---|---|---|---|---|---|
| | 8↓ | 17↓ | 16↓ | | 37↓ | 11↓ | 5↓ | 15↓ | 24↓ | 20↓ | 41↓ | 33↓ | 6↓ | |
| 12→ | | | | 45→ | | | | | | | | | | 4↓ |
| 12→ | | | | 13→ 15↓ | | | 32→ 12↓ | | | | | | 4→ 25↓ | |
| | 22→ 17↓ | | | | | 38→ 34↓ | | | | | | | | 43↓ |
| 33→ | | | | | | | | 10↓ | 18→ 5↓ | | | | | |
| 1→ | | 41↓ | 29→ 14↓ | | | | | | | 30→ 29↓ | | | | |
| 10→ | | | | 11→ | | | 1→ 4↓ | | 22→ 15↓ | | | | | |
| 22→ | | | | 36→ | | | | | | | | | 3→ 2↓ | |
| | 10→ 28↓ | | | 11→ 6↓ | | | 29↓ | 14→ | | | | 6→ 15↓ | | |
| 15→ | | | 2→ 3↓ | | 11→ 15↓ | | | 7→ 15↓ | | | 5→ 7↓ | | 7→ 7↓ | |
| 38→ | | | | | | | | | 32→ 7↓ | | | | | |
| 10→ | | | 5↓ | 6→ 4↓ | | 19→ 20↓ | | | | 11↓ | 14→ | | | |
| 13→ | | | | | 14→ | | | | 3→ 3↓ | | 3→ 11↓ | | 12↓ | 4↓ |
| 11→ | | | | | 10→ | | | 9→ 3↓ | | | | 5→ 2↓ | | |
| 1→ | | | | | 14→ | | | | 26→ | | | | | |

## Puzzle 34 – Testing Trivia

Let's see how good you are with American
gardening-themed Trivia Questions!

1. Which American state is known as the Sunshine State and is famous for its orange groves?

2. What's the name of the garden located in New York that has 250 acres of plant collections, including the Peggy Rockerfeller Rose Garden?

3. What is the offical state flower of Texas?

4. Which vegetable, often used in Southern cuisine, has the scientific name Capsicum Annum?

5. In which American state is the annual National Cherry Blossom Festival held, celebrating the bloom of cherry trees gifted from Japan?

6. What is the most widely grown fruit tree in American home gardens, known for varieties like McIntosh, Granny Smith and Red Delicious?

7. Which herb, often used in Italian and American cooking, is known for its fragrant green or purple leaves?

8. What is the common name of the perennial flowering plant native to the prairies, known for its conical seed head?

9. Which native American tree is the source of a popular sweet syrup?

10. What is the name of the shrub with red berries, often used for Christmas decorations?

## Puzzle 35 – Spelling Bee

How many words (4 letters or more) do you think you can make from the word 'Organic'?
Use the next blank page for your notes!

O

R

G

A

N

I

C

# Notes

## Puzzle 36 – Watch Out For the Mines!

There are a series of mines hidden randomly in the grid.

You need to work out the location of these mines and mark them. To help you work out the location of the mines, some squares have a number in them. This number tells you the number of mines that are hidden in adjacent squares to that one (up, down, left, right, and diagonal) Squares that contain a number cannot contain a mine. Squares that are blank can contain a mine or may be empty.

| | | | | | | | | | | | | | | | |
|---|---|---|---|---|---|---|---|---|---|---|---|---|---|---|---|
| | | | | | | 1 | | 1 | | 2 | | 2 | | | |
| | 1 | 1 | 2 | 1 | 1 | 1 | 1 | 2 | 1 | 4 | | 4 | 1 | | |
| 1 | 2 | | | | 1 | | | 2 | | | | | 2 | | |
| | | | | | 2 | | | 2 | | | | | 2 | | |
| | | | | | 1 | | | 1 | | | | | 2 | 1 | 1 |
| | | | | | 2 | 1 | | 1 | | | | | | | |
| 1 | 2 | 2 | | | | 2 | | 1 | | | | | | | |
| | | 1 | 1 | 3 | | 2 | | 1 | | | | | | | |
| | | | | 1 | 1 | 1 | | 1 | | | | | | | |
| 1 | 2 | 1 | 1 | | | | | 1 | | 1 | 1 | 3 | | | |
| | | | 2 | 1 | 1 | | | 1 | | 1 | | 1 | | | |
| 1 | 2 | 1 | 2 | | 2 | 2 | 2 | 2 | | 2 | 1 | 3 | | | |
| | | | 2 | | | | | | | | | | | | |
| | | | 1 | | 2 | 2 | 2 | 2 | 1 | 3 | | | | | |
| | | | 1 | 1 | 1 | | | | | 1 | 1 | 1 | 1 | 1 | 1 |
| | | | | | | | | | | | | | | | |

## Puzzle 37 – Fragrant Flowers Word Search

**Find and circle the names of all the fragrant flower names hidden in the grid. Remember to look for them in all directions, including diagonally and backwards!**

| | | | | | | | | | | | | | | | | | | | |
|---|---|---|---|---|---|---|---|---|---|---|---|---|---|---|---|---|---|---|---|
| W | I | S | T | E | R | I | A | P | J | C | O | O | M | Y | I | L | X | L | Z |
| I | Y | S | B | W | G | H | Q | E | Q | X | H | Z | P | O | E | O | P | A | X |
| P | X | L | I | L | Y | O | F | T | H | E | V | A | L | L | E | Y | D | V | Y |
| A | K | I | I | U | M | N | R | V | H | D | Q | J | U | K | N | D | T | E | H |
| S | S | N | H | X | E | E | W | G | H | K | Q | L | M | N | V | P | W | N | H |
| C | D | Z | Z | D | K | Y | K | Q | Y | H | Z | P | E | O | N | Y | S | D | E |
| C | K | H | R | B | J | S | V | O | G | Z | I | N | R | X | B | P | S | E | M |
| V | O | Q | F | U | U | U | J | F | Z | P | M | Y | I | V | J | O | N | R | D |
| L | W | N | V | X | Z | C | T | T | Q | Y | N | O | A | O | A | H | X | E | S |
| F | L | O | M | O | C | K | O | R | A | N | G | E | A | I | S | Y | U | L | E |
| K | M | A | G | N | O | L | I | A | F | I | P | H | C | O | M | W | D | I | S |
| P | S | Q | R | I | P | E | H | P | R | C | G | J | T | N | I | Y | H | L | H |
| H | W | P | I | A | K | U | L | V | E | O | D | V | Y | O | N | C | F | A | I |
| T | E | J | P | L | L | W | Q | P | E | T | W | S | E | R | E | D | O | C | B |
| I | E | I | C | S | B | Z | N | T | S | I | P | V | L | M | K | C | S | X | E |
| Z | T | D | G | A | R | D | E | N | I | A | O | Z | S | F | L | P | D | Q | C |
| Z | P | F | H | R | O | B | M | W | A | N | K | M | Z | H | J | F | A | Z | X |
| S | E | Q | I | M | S | V | A | U | H | A | H | I | G | E | L | X | E | W | Y |
| W | A | N | S | C | E | L | P | P | Q | O | L | K | K | S | V | E | Y | U | Q |
| O | H | C | B | J | T | K | L | V | U | R | R | W | G | U | Q | D | F | L | O |

| | | |
|---|---|---|
| Rose | Lilac | Peony |
| Jasmine | Freesia | Gardenia |
| Lavender | Plumeria | Magnolia |
| Wisteria | Sweet Pea | Nicotiana |
| Honeysuckle | Mock Orange | Lily of the Valley |

# Puzzle 38 – Super Sudoku

Each row, column and square (of 16 blocks each) needs to contain the numbers 1 through to 16 without repeating any numbers within the same row, column or square

| | | | | | | | | | | | | | | | |
|---|---|---|---|---|---|---|---|---|---|---|---|---|---|---|---|
| | 13 | | 10 | | 12 | | | | | 8 | | 7 | | | 9 |
| | | | 4 | 14 | | | | 10 | | 9 | | | | | |
| | | 11 | | 15 | | | | | | | | | | 8 | |
| | | | | | | 11 | | 4 | | | | 2 | 6 | | |
| 14 | | | 15 | | | 5 | | | | 4 | | 12 | 8 | | |
| 8 | | | | | | | 3 | | 12 | | 15 | 11 | 2 | | |
| | 3 | 10 | 13 | | | 9 | | | | 7 | | 15 | | | |
| | | | | | | | | | 1 | | | 6 | | 14 | 13 |
| | | 8 | 5 | 1 | | | | | | | | | | 16 | |
| | | | 3 | 13 | 2 | | | | | 5 | | | | 1 | |
| | | | 1 | | | | 14 | 13 | 8 | | | 10 | | 15 | |
| | 4 | | | | | 12 | | | | 6 | 1 | | | | |
| 15 | | | | | | | | | | | | | | 9 | 14 |
| | | | | 7 | | 3 | 15 | 9 | | | 12 | | 10 | | |
| | 1 | | | | 4 | | | | 15 | | | 13 | 12 | | 16 |
| | | 2 | | | | | | | | 1 | | 8 | 15 | 4 | |

## Puzzle 39 – Evergreens Vowel Puzzle

**Think about all the evergreen plants and trees that you would find in your garden, then fill in the missing vowels to complete each name!**

C _ m _ l _ _ J _ p _ n _ c _

G _ rd _ n _ _

_ ngl _ sh _ v _

J _ n _ p _ r

_ _ _ n _ m _ s

Pr _ v _ t

B _ _ L _ _ r _ l

V _ b _ rn _ m T _ n _ s

B _ mb _ _

D _ gw _ _ d

H _ b _ sc _ s

Ch _ _ s _ _ T _ rn _ t _

S _ rc _ c _ cc _ C _ nf _ s _

D _ phn _ _ d _ r _

S _ lv _ r B _ rch

_ r _ c _ C _ n _ r _ _

Sc _ ts P _ n _

M _ rj _ r _ m

M _ l _ ss _ _ ff _ c _ n _ l _ s

Sp _ rg _ L _ _ r _ l

J _ p _ n _ s _ _ _ w

_ l _ _ nd _ r

P _ r _ w _ nkl _

_ z _ l _ _

P _ r _ c _ nth _

B _ xw _ _ d

F _ ts _ _ J _ p _ n _ c _

R _ s _ m _ r _

G _ rs _

M _ stl _ t _ _

B _ _ g _ _ nv _ ll _ _

C _ st _ s

L _ v _ nd _ r

Dw _ rf W _ ll _ w

R _ w _ n

H _ ll _

Th _ m _

Sw _ _ t W _ _ dr _ ff

W _ nt _ r S _ v _ r _

H _ rnb _ _ m

## Puzzle 40 – Hot House Maze

It's getting pretty hot in the Greenhouse. Can you get the Water Mister through the maze to help Lady Muck mist her precious plants?

# Puzzle 41 – Garden Party Cocktails Word Scramble

## Unscramble the names of the delicious Cocktails often enjoyed at a Garden Party!

| | | | |
|---|---|---|---|
| Mtojoi | = ________ | arSinga | = ________ |
| TiiaM a | = ________ | Pmsmi | = ________ |
| ntMnaahat | = ________ | uiriqaDi | = ________ |
| o WeshkSyuri | = ________ | maptonoisoCl | = ________ |
| tniriaM | = ________ | dolroy BMya | = ________ |
| ecTeIndagdaolLn Is | = ________ | Caloi nPada | = ________ |
| aimsoM | = ________ | SusiaTinuqerel | = ________ |
| zAte polripSr | = ________ | pSiarei gSlgonn | = ________ |
| Ao Smoruteret | = ________ | hc RmnuPu | = ________ |
| eitnpMJlu | = ________ | oiaR yKelr | = ________ |
| pierit EnsssaoMr | = ________ | iFniz Gz | = ________ |
| tRNas iylu | = ________ | c nehoSt  exeahB | = ________ |
| imsC muPp | = ________ | rua oSLenrvde | = ________ |
| iri inMuqitDa | = ________ | rigtaaaMr | = ________ |
| uiPFnMarisiasin t rot | = ________ | rNeCainosgs cil | = ________ |
| hFnOeoail dsd | = ________ | oewoM usMlc | = ________ |
| aien lauHaBiw | = ________ | zus ikBzcF | = ________ |
| yt irnrMDia | = ________ | lrokErtawiefeCcld lo | = ________ |
| e hsiIeoCrff | = ________ | TSireepyh emll | = ________ |
| deLnnr tvieiaMar | = ________ | reatrrbiruDawSii yq | = ________ |

## Puzzle 42 – Killer Kakuro Puzzle

Each puzzle consists of a blank grid with sum-clues in various places. The object is to fill all empty squares using numbers from 1 to 9 so the sum of each horizontal block equals the clue on its left, and the sum of each vertical block equals the clue on its top. In addition, no number may be used in the same block more than once.

| ■ | 22↓ | ■ | 14↓ | 30↓ | 13↓ | ■ | 7↓ | ■ | 27↓ | 23↓ | 24↓ | 4↓ | ■ | 30↓ |
|---|---|---|---|---|---|---|---|---|---|---|---|---|---|---|
| 7→ | | 14→ 9↓ | | | | 7→ 10↓ | | 22→ 38↓ | | | | | 6→ 30↓ | |
| 26→ | | | | | | | 19→ | | | | | 3→ 5↓ | | |
| 22→ | | | | | | | 35→ 45↓ | | | | | | | |
| 10→ | | | 3→ 9↓ | | 8↓ | 27→ 10↓ | | | | | 10→ 4↓ | | | |
| 2→ | | 40→ 32↓ | | | | | | | | 4→ 19↓ | | 13→ 38↓ | | |
| ■ | 5→ 21↓ | | 8→ 33↓ | | 25→ 26↓ | | | | | | 18→ 16↓ | | | |
| 24→ | | | | 25→ 16↓ | | | | | 16→ 37↓ | | | | | 17↓ |
| 21→ | | | | | | 39→ 5↓ | | | | | | | | |
| 36→ | | | | | | | | 17→ 13↓ | | | | | 8→ 7↓ | |
| 23→ | | | | | | 25→ 12↓ | | | | | 16→ 13↓ | | | |
| ■ | 11→ 16↓ | | | 22→ 6↓ | | | | | | 5→ 15↓ | | | 3→ 23↓ | |
| 6→ | | 10→ 11↓ | | | 15→ 9↓ | | | 31→ 8↓ | | | | | | 7↓ |
| 14→ | | | 8→ 4↓ | | | ■ | 16→ | | | | ■ | 11→ 3↓ | | |
| 16→ | | | | | | ■ | 11→ | | | | 14→ | | | |

## Puzzle 43 – Testing Trivia

Another trivia test of your green thumbs
and gardening knowledge. Enjoy!

1. Which annual garden show held in London is one of the most famous shows in the gardening calendar?

2. Which plant is known as the 'King of Flowers' and has been cultivated for thousands of years in China?

3. Which herb is known for its calming effects and is commonly used in teas?

4. Which plant is known for its ability to purify indoor air?

5. What is the term for the practice of growing plants in nutrient-rich water, often used in urban farming?

6. What flower is the birth flower for April?

7. What is the national flower of India?

8. What is the name of the UK TV gardening programme, that Monty Don often presents?

9. Which house plant thrives in low light and is often called the 'cast iron plant'?

10. What primary plant nutrients do NPK stand for?

## Puzzle 44 – Spelling Bee

How many words do you think you can make from the word 'Butterfly'?
Use the next blank page for your notes - and go for 4 letter words or more!

B
U
T
T
E
R
F
L
Y

# Notes

## Puzzle 45 – Super Sudoku

Each row, column and square (of 16 blocks each) needs to contain the numbers 1 through to 16 without repeating any numbers within the same row, column or square

| | | | | | | | | | | | | | | | |
|---|---|---|---|---|---|---|---|---|---|---|---|---|---|---|---|
| | 3 | | 8 | | 13 | 4 | | | 5 | 7 | | | | 2 | |
| 1 | 6 | | 16 | | | | 14 | 4 | | | 12 | | | | |
| | 14 | | | | | | 2 | | | | 13 | | | | |
| 5 | | | | | | 8 | | | 1 | | 9 | 14 | | | |
| | | | | | | | | | | | | | | | 16 |
| | 13 | | | 8 | 1 | | | 16 | 9 | 11 | | 2 | | | |
| | 8 | 12 | | | | | | | | 14 | | | 15 | 4 | 13 |
| 3 | 1 | | 14 | | 15 | | | | 13 | | | | | | 11 |
| | | 1 | | 15 | 14 | 13 | 11 | | | | | 4 | | 12 | |
| | 16 | | | | | 5 | 12 | 8 | | | | | 6 | | |
| 6 | | | 5 | 7 | | | | 1 | | | 3 | | 14 | 15 | |
| | 4 | 8 | | | | 6 | | 13 | 14 | | | | | | |
| | | | 4 | | 6 | | | | | 13 | 16 | 10 | 5 | | |
| 8 | | 3 | | 14 | 2 | 9 | | 11 | | | 6 | | 4 | 7 | 12 |
| 13 | | | 15 | | | 7 | 10 | | | | | 11 | | | 6 |
| | 9 | 6 | 1 | 4 | | | 16 | 7 | | | | | | 13 | |

## Puzzle 46 – Roses Word Search

**Find and circle the Rose names hidden in the grid. Remember to look for them in all directions, including diagonally and backwards!**

| | | | | | | | | | | | | | | | | | |
|---|---|---|---|---|---|---|---|---|---|---|---|---|---|---|---|---|---|
| H | G | N | K | B | L | K | M | Q | F | C | W | E | I | V | K | W | K |
| P | E | A | C | E | L | R | P | C | S | Y | T | G | C | J | R | F | P |
| L | U | E | H | B | C | H | A | R | L | O | T | T | E | X | M | X | N |
| C | Y | W | N | E | W | D | A | W | N | K | J | Y | B | L | A | N | X |
| O | B | Z | Y | L | U | Y | C | R | U | D | H | L | E | P | L | A | L |
| C | A | K | R | V | T | Z | F | L | Z | X | O | N | R | B | B | C | F |
| K | U | G | T | E | F | E | S | V | X | K | E | A | G | A | E | C | Q |
| J | D | D | J | D | E | Y | E | P | Z | K | L | X | S | L | R | W | D |
| O | H | A | P | E | Y | O | N | M | K | N | I | L | Q | L | T | H | A |
| A | B | C | R | R | J | V | T | I | D | L | Z | J | O | E | I | I | W |
| Y | B | Z | W | E | D | D | I | N | G | D | A | Y | T | R | N | S | Q |
| G | T | D | E | S | D | E | M | O | N | A | B | F | Z | I | E | P | F |
| L | L | O | D | F | H | Y | E | N | J | U | E | G | T | N | G | E | Y |
| V | C | O | N | S | T | A | N | C | E | P | T | M | D | A | D | R | M |
| D | D | G | W | X | B | M | T | M | M | N | H | Y | W | L | F | O | P |
| S | N | M | K | D | O | G | A | Z | I | Q | Q | Z | X | D | Q | D | M |
| H | T | C | C | E | C | I | L | E | B | R | U | N | N | E | R | F | R |
| E | K | R | A | N | G | E | L | H | Z | T | T | D | U | Y | Z | Z | Q |

| | | |
|---|---|---|
| Peace | Angel | Iceberg |
| Whisper | New Dawn | Elizabeth |
| Desdemona | Ballerina | Albertine |
| Belvedere | Constance | Charlotte |
| Sentimental | Wedding Day | Cecile Brunner |

## Puzzle 47 – Wine Delivery Maze

This poor guy has been working hard in the garden.
So, looks like it's time for a reward!
Can you get the bottle of wine to him through the maze?

## Puzzle 48 – Killer Kakuro Puzzle

Each puzzle consists of a blank grid with sum-clues in various places. The object is to fill all empty squares using numbers from 1 to 9 so the sum of each horizontal block equals the clue on its left, and the sum of each vertical block equals the clue on its top. In addition, no number may be used in the same block more than once.

| | | | | | | | | | | |
|---|---|---|---|---|---|---|---|---|---|---|
| ■ | 27↓ | 34↓ | 38↓ | ■ | ■ | 35↓ | 9↓ | 15↓ | 9↓ | ■ |
| 19→ | | | | 5↓ | 28→ | | | | | 45↓ |
| 17→ | | | | | 6→ 20↓ | | | | 2→ 8↓ | |
| 16→ | | | | 9→ | | | 16→ 11↓ | | | |
| 10→ | | | | 16→ | | | | 10→ | | |
| 24→ | | | | 9→ 35↓ | | | | 7→ 12↓ | | |
| 44→ | | | | | | | | | 9→ 18↓ | |
| ■ | 16→ 18↓ | | | | 4→ 20↓ | | 12→ 19↓ | | | |
| 9→ | | 7↓ | 16→ 10↓ | | | 19→ 17↓ | | | | |
| 36→ | | | | | | | | 10→ 3↓ | | |
| 44→ | | | | | | | | | 7→ | |

## Puzzle 49 – Greenhouse Gear Puzzle

**Think about all the things you might find in a Greenhouse, then fill in the missing vowels to complete each word or phrase!**

P _ ts

S _ _ d Tr _ _

Sh _ lv _ ng _ n _ t

G _ rd _ n Gl _ v _ s

G _ rd _ n St _ _ l

B _ sc _ _ t T _ n

G _ rd _ n St _ k _ s

S _ _ d P _ ck _ ts

Pl _ nt S _ pp _ rts

PH M _ t _ r

S _ _ l Sc _ _ p

T _ d _ Tr _ _

P _ tt _ ng C _ mp _ st

P _ zzl _ B _ _ k

T _ m _ t _ Pl _ nts

C _ p _ ll _ r _ M _ tt _ ng

Cl _ ch _

N _ tt _ ng

C _ mf _ S _ _ t

Pl _ nt Fl _ _ c _ s

W _ t _ r _ ng C _ n

Th _ rm _ m _ t _ r

P _ tt _ ng B _ nch

Tr _ w _ l

T _ _ p _ t

Pl _ nt M _ st _ r

B _ mb _ _ P _ l _ s

G _ rd _ n Tw _ n _

H _ _ t _ r

Pl _ nt F _ _ d

St _ g _ ng

Sh _ d _ ng

Pl _ nt L _ b _ ls

C _ mp _ st Sc _ _ p

Str _ ng

Pr _ p _ g _ t _ r

W _ ll _ ngt _ n B _ _ ts

R _ d _ _

R _ _ t _ ng H _ rm _ n _

Pl _ nt S _ _ c _ rs

## Puzzle 50 – Lady Muck Style Trivia

Your last trivia quiz - so let's have a little bit of fun, Lady Muck Style!

1. What is Lady Muck's Happy Place?

A Her Greenhouse   B Her Potting Shed   C Her Wine Fridge?

2. What flowers does Lady Muck like to plant alongside her tomatoes to deter aphids?

A Pansies   B Marigolds   C Agapathus

3. What type of biscuits does her Ladyship keep in her Greenhouse Biscuit Tin?

A Chocolate Hobnobs   B Ginger Thins   C Digestives

4. What chore does Lady Muck like to delegate to poor old Lord Muck?

A Weeding   B Digging   C Pruning

5. What flowers does Lady Muck grow to attract Bees?

A Honeysuckle   B Lavender   C Borage

6. How does Lady Muck celebrate the first Raspberries of Summer?

A Buys cream   B Throws a Garden Party   C Makes Crumble

7. What does Lady Muck grow in her garden to make liquid plant food?

A Comfrey   B Nettles   C Seaweed

8. How does Lady Muck deter Carrot Fly?

A Asks them politely to leave
B Plants Alliums & Chives
C Plants Garlic

# Solutions

**Pour yourself a nice glass of wine,
settle back and see how you've done!**

## Puzzle 1 – Solution

| | | | |
|---|---|---|---|
| eslellbuB | BLUEBELLS | ecnmCyal | CYCLAMEN |
| uOtshanms | OSMANTHUS | uanrGiem | GERANIUM |
| iuHisscb | HIBISCUS | Larnumub | LABURNUM |
| kwrleieiPn | PERIWINKLE | mreneoFtogt | FORGETMENOT |
| ostoateeCrn | COTONEASTER | aunrGmei | GERANIUM |
| mJsanei | JASMINE | eeerbHoll | HELLEBORE |
| iCeltmas | CLEMATIS | hailDa | DAHLIA |
| eolPantlti | POTENTILLA | eulLra | LAUREL |
| eSwonulsrf | SUNFLOWERS | lavSai | SALVIA |
| ymeraRso | ROSEMARY | catriDne | DICENTRA |
| tntaoiPse | POINSETTA | eeAmonn | ANEMONE |
| zaaeAl | AZALEA | lioGdali | GLADIOLI |
| aeLoilb | LOBELIA | oMnreittba | MONTBRETIA |
| mehDnipliu | DELPHINIUM | pSdrsnwoo | SNOWDROPS |
| ereLdanv | LAVENDER | alVeeroA | ALOE VERA |
| cliLa | LILAC | hadiehlluPps | PHILADELPHUS |
| corCsu | CROCUS | glaMoani | MAGNOLIA |
| Dldfioaf | DAFFODIL | ascrsiiN | NARCISSI |
| olPhx | PHLOX | awteSe eP | SWEET PEA |
| Tpiul | TULIP | triaueAb | AUBRETIA |

# Puzzle 2 – Solution

| | | | | | | | | | | | | | | | | | |
|---|---|---|---|---|---|---|---|---|---|---|---|---|---|---|---|---|---|
| D | Y | W | G | S | O | L | L | K | B | D | U | L | C | V | S | E | Y |
| W | A | N | W | E | X | T | R | O | T | P | J | Y | O | H | E | T | E |
| S | D | H | L | E | H | C | S | D | R | F | H | T | E | U | F | D | K |
| R | I | P | B | D | W | P | B | C | A | Z | X | C | S | R | V | L | C |
| A | P | R | V | S | G | A | P | F | N | N | R | O | C | K | E | R | Y |
| S | H | O | V | E | L | T | C | C | S | W | X | N | M | N | D | Y | Q |
| E | T | P | F | R | M | O | B | H | P | E | U | T | V | Q | I | H | H |
| M | R | A | J | C | N | I | S | S | L | E | X | A | W | X | V | M | F |
| Z | H | G | R | O | F | N | I | E | A | D | W | I | F | T | I | S | I |
| Z | I | A | N | M | F | X | V | C | N | I | Y | N | U | A | D | Z | N |
| L | R | T | H | P | M | Y | D | A | T | N | L | E | T | X | I | G | T |
| C | R | I | I | O | X | N | H | T | I | G | P | R | M | V | N | L | L |
| B | P | O | W | S | T | G | B | E | N | G | R | S | J | M | G | O | Y |
| K | F | N | C | T | I | C | H | U | G | A | U | H | G | E | W | V | K |
| R | Z | Q | D | I | E | B | G | R | E | E | N | H | O | U | S | E | K |
| B | Y | O | G | N | M | H | Q | S | S | P | E | C | L | X | S | S | O |
| S | Q | V | B | G | E | R | M | I | N | A | T | I | O | N | C | E | V |
| P | O | W | H | E | E | L | B | A | R | R | O | W | H | O | I | A | B |

Seeds
Shovel
Dividing
Containers
Propagation

Prune
Rockery
Secateurs
Composting
Wheelbarrow

Gloves
Weeding
Greenhouse
Germination
Transplanting

## Puzzle 3 – Solution

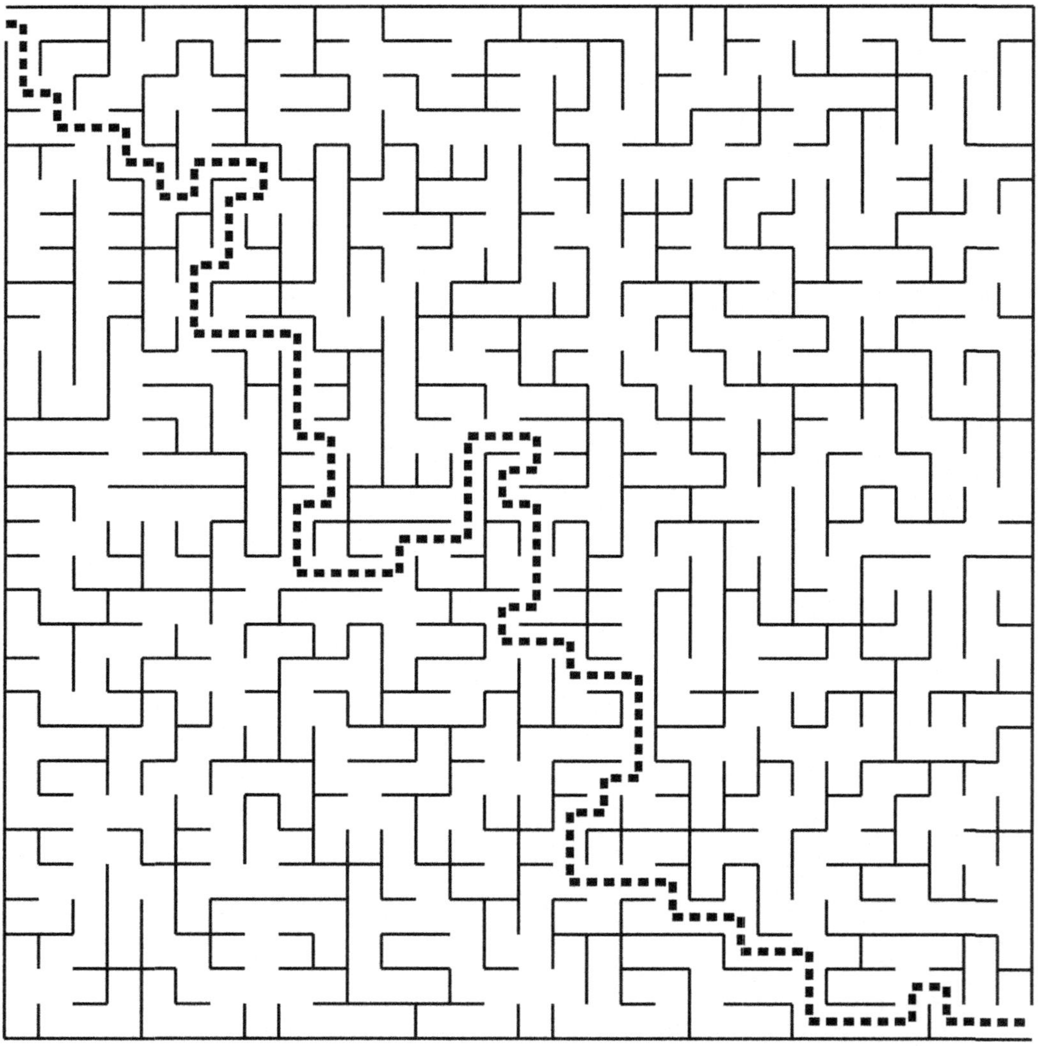

# Puzzle 4 – Solution

1. Which flower has the smallest seeds?
ORCHID

2. Which Flower is also the Goddess of the Rainbow in Greek Mythology?
IRIS

3. What is the name given to the technique of clipping hedges into ornamental shapes?
TOPIARY

4. What is the common name for Salix Babylonica?
WEEPING WILLOW

5. Which King created the Hanging Gardens of Babylon?
NEBUCHADNEZZAR II

6. Most species of Eucalyptus are native to which country?
AUSTRALIA

7. Helianthus is another name for which flower?
SUNFLOWER

8. What word is used to describe plants that like acid soil?
ERICACEOUS

9. Which fruit was cultivated from crossing a blackberry and a raspberry?
LOGANBERRY

10. The Major Oak, one of the most famous and visited trees in England, is found in which forest?
SHERWOOD FOREST

## Puzzle 5 – Solution

*Across*:
2. Brazilian super berry
3. What a lovely couple
4. Loved by the Romans (Ficus Carica)
5. Would be at home in the All Blacks Rugby Team
6. My favourite kind of Bakewell Tart
7. Lovely in a G&T
8. Could be referring to a type of fruit or a tomato
9. Fruit similar to peaches

*Down*:
1. Perfect berry to have with cream
8. Very popular on Halloween
10. Monday and feeling blue?
11. Third wheel on a date
12. Oh my darling
13. Orange official?

## Puzzle 6 – Solution

| | | | | | | | | | | | | | | | |
|---|---|---|---|---|---|---|---|---|---|---|---|---|---|---|---|
| 5 | 11 | 16 | 6 | 3 | 8 | 13 | 2 | 12 | 9 | 1 | 15 | 7 | 10 | 14 | 4 |
| 4 | 14 | 2 | 3 | 10 | 12 | 5 | 16 | 11 | 6 | 13 | 7 | 9 | 15 | 1 | 8 |
| 15 | 8 | 10 | 1 | 14 | 7 | 4 | 9 | 5 | 3 | 16 | 2 | 13 | 11 | 6 | 12 |
| 13 | 12 | 7 | 9 | 15 | 6 | 1 | 11 | 10 | 4 | 8 | 14 | 16 | 2 | 3 | 5 |
| 12 | 10 | 5 | 14 | 11 | 16 | 7 | 3 | 2 | 15 | 6 | 13 | 8 | 1 | 4 | 9 |
| 9 | 2 | 1 | 11 | 8 | 10 | 12 | 14 | 3 | 7 | 4 | 16 | 6 | 5 | 13 | 15 |
| 16 | 15 | 4 | 7 | 9 | 5 | 6 | 13 | 8 | 12 | 11 | 1 | 14 | 3 | 2 | 10 |
| 3 | 6 | 13 | 8 | 1 | 2 | 15 | 4 | 9 | 14 | 5 | 10 | 12 | 16 | 11 | 7 |
| 1 | 16 | 8 | 10 | 2 | 13 | 14 | 5 | 4 | 11 | 15 | 12 | 3 | 9 | 7 | 6 |
| 6 | 9 | 12 | 15 | 4 | 11 | 16 | 7 | 13 | 8 | 2 | 3 | 10 | 14 | 5 | 1 |
| 14 | 7 | 11 | 13 | 6 | 1 | 3 | 15 | 16 | 10 | 9 | 5 | 4 | 12 | 8 | 2 |
| 2 | 5 | 3 | 4 | 12 | 9 | 8 | 10 | 14 | 1 | 7 | 6 | 15 | 13 | 16 | 11 |
| 10 | 1 | 9 | 5 | 7 | 3 | 2 | 6 | 15 | 13 | 14 | 4 | 11 | 8 | 12 | 16 |
| 7 | 13 | 15 | 12 | 5 | 4 | 11 | 8 | 1 | 16 | 3 | 9 | 2 | 6 | 10 | 14 |
| 11 | 4 | 14 | 16 | 13 | 15 | 10 | 1 | 6 | 2 | 12 | 8 | 5 | 7 | 9 | 3 |
| 8 | 3 | 6 | 2 | 16 | 14 | 9 | 12 | 7 | 5 | 10 | 11 | 1 | 4 | 15 | 13 |

# Puzzle 7 – Solution

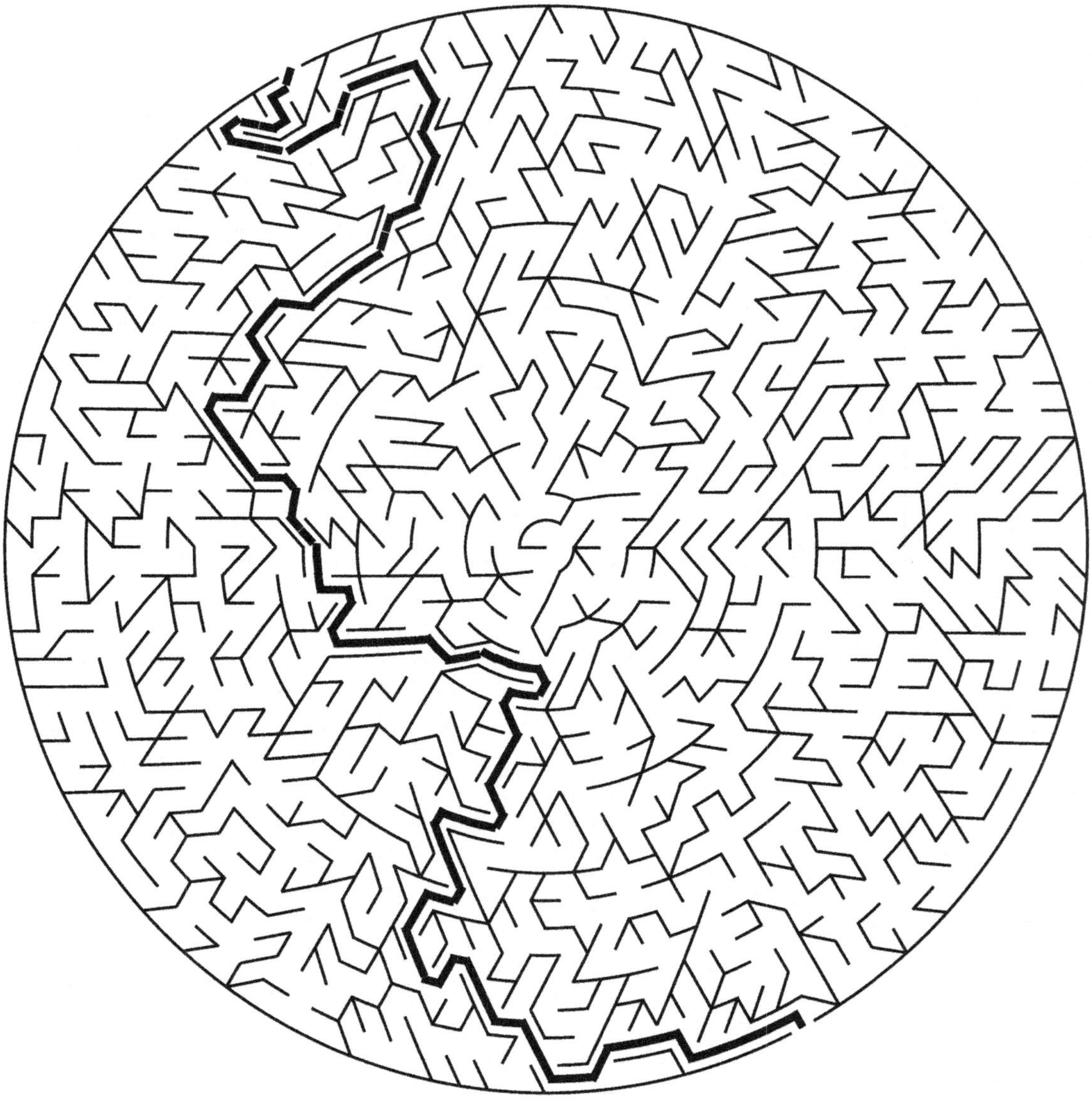

# Puzzle 8 – Solution

| | | | | | | | | | | | | | | | | | |
|---|---|---|---|---|---|---|---|---|---|---|---|---|---|---|---|---|---|
| S | V | Y | I | Y | A | D | G | M | H | P | S | Y | P | F | H | F | E |
| S | G | R | H | S | S | O | C | Y | X | X | D | A | D | Z | W | E | L |
| B | P | N | B | C | R | I | P | L | O | T | N | B | L | U | R | G | C |
| T | W | A | I | Z | L | W | E | F | E | V | U | D | W | T | C | G | P |
| Y | L | H | R | R | B | U | G | O | O | S | O | B | D | Z | F | S | E |
| O | W | K | A | T | R | B | M | E | K | D | R | X | W | V | W | H | X |
| D | L | G | E | C | R | E | K | F | Q | R | G | A | V | Z | U | E | Z |
| R | W | V | D | U | S | E | P | J | N | I | E | R | U | U | F | L | D |
| Y | S | L | R | T | O | P | E | P | U | B | E | F | A | P | O | L | L |
| W | Y | E | A | P | X | V | H | B | O | K | F | C | D | V | F | S | Y |
| E | I | O | H | E | D | X | F | E | U | C | F | I | Y | B | E | W | Y |
| A | F | X | R | C | M | Y | E | Q | T | A | O | D | W | V | Y | L | M |
| T | W | K | N | V | O | T | D | C | O | L | C | O | Z | V | R | S | M |
| H | G | H | E | F | Q | L | A | B | S | B | O | A | Z | Y | D | B | H |
| E | R | O | O | B | R | O | C | O | L | F | R | N | V | A | G | W | E |
| R | W | Q | J | N | R | Q | K | N | E | M | A | T | O | D | E | S | A |
| S | Q | C | G | X | A | C | D | H | S | L | D | T | H | T | V | N | K |
| S | L | S | G | O | R | F | Y | B | Q | Z | U | Y | E | K | Q | V | K |

Salt
Toads
Oatmeal
Blackbirds
Dry Weather

Mulch
Gravel
Cloches
Egg Shells
Copper Rings

Frogs
Garlic
Nematodes
Beer Traps
Coffee Grounds

# Puzzle 9 – Solution

| | | | | | | | | | | | | | | |
|---|---|---|---|---|---|---|---|---|---|---|---|---|---|---|
| | 4↓ | 28↓ | 10↓ | 14↓ | 30↓ | 7↓ | | 11↓ | 18↓ | 26↓ | 30↓ | 42↓ | 3↓ | 9↓ |
| 27→ | 3 | 8 | 2 | 1 | 6 | 7 | 36→ 33↓ | 5 | 6 | 9 | 7 | 2 | 3 | 4 |
| 22→ | 1 | 9 | 3 | 5 | 4 | 36→ 27↓ | 7 | 6 | 9 | 5 | 1 | 8 | 5→ 41↓ | 5 |
| | 32→ 45↓ | 4 | 5 | 6 | 8 | 7 | 2 | 23→ 1↓ | 3 | 8 | 2 | 9 | 1 | 36↓ |
| 10→ | 3 | 7 | 23→ 25↓ | 2 | 7 | 5 | 8 | 1 | 28→ | 3 | 4 | 5 | 9 | 7 |
| 5→ | 5 | 4→ 9↓ | 4 | 18→ 37↓ | 5 | 4 | 9 | 9↓ | 24→ 15↓ | 1 | 5 | 7 | 8 | 3 |
| 20→ | 1 | 9 | 8 | 2 | 27→ 28↓ | 8 | 4 | 9 | 6 | 18→ 24↓ | 3 | 1 | 6 | 8 |
| 2→ | 2 | 17→ 4↓ | 5 | 1 | 6 | 2 | 3 | 29→ 35↓ | 9 | 1 | 8 | 4 | 5 | 2 |
| 29→ | 8 | 4 | 6 | 3 | 7 | 1 | 3→ 10↓ | 3 | 4→ 27↓ | 4 | 13→ 1↓ | 6 | 3 | 4 |
| 6→ | 6 | 12→ 8↓ | 2 | 9 | 1 | 20→ | 3 | 8 | 6 | 2 | 1 | 8→ 27↓ | 7 | 1 |
| 9→ | 4 | 5 | 8→ 9↓ | 5 | 3 | 30→ 22↓ | 7 | 6 | 8 | 9 | 14→ 16↓ | 7 | 2 | 5 |
| 31→ | 7 | 3 | 9 | 4 | 2 | 6 | 27→ 4↓ | 7 | 4 | 8 | 5 | 3 | 6→ 10↓ | 6 |
| 9→ | 9 | 17↓ | 30→ 5↓ | 7 | 5 | 9 | 4 | 2 | 3 | 13→ 4↓ | 3 | 9 | 1 | |
| | 30→ 7↓ | 8 | 5 | 6 | 4 | 7 | 28→ 7↓ | 9 | 5 | 4 | 1 | 6 | 3 | 9↓ |
| 16→ | 7 | 9 | | | | 7→ | 7 | 1→ | 1 | 24→ | 7 | 2 | 6 | 9 |

# Puzzle 10 – Solution

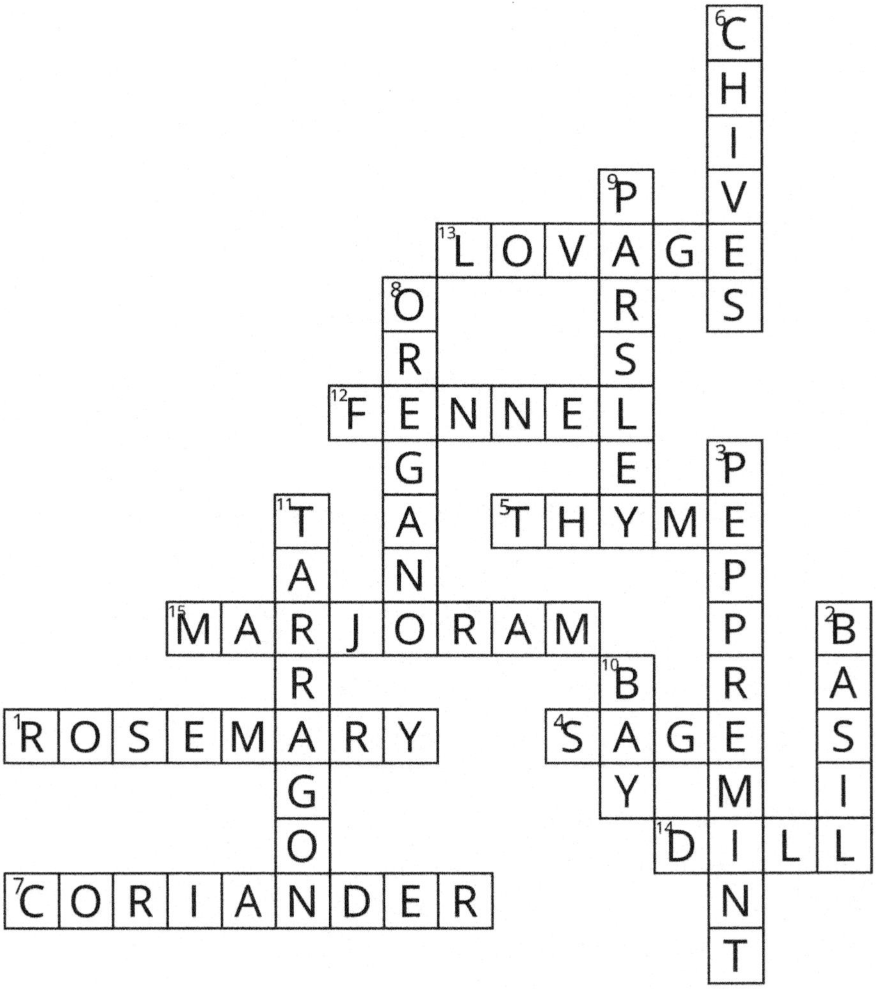


*Across*:

1. Evergreen herb with blue flowers
4. Often found in the stuffing on Christmas Day
5. Tick Tock herb
7. Called 'Cilantro' in Spain
12. Anise-like flavour
13. Tastes like celery
14. Great for pickles
15. Similar to oregano

*Down*:

2. Beautiful smelling herb that repels whitefly
3. Herb whose scent is hated by ants
6. Mild alternative to spring onions
8. Sweet smelling herb often used on pizzas
9. Can be flat-leaved or curly
10. Classic herb used in bouquet garni
11. Liquorice-like flavour

## Puzzle 11 – Solution

1. Which of the following herbs is known to be invasive and best grown in a container - Thyme/Mint/Oregano?
MINT

2. What is a physic garden primarily used for?
GROWING MEDICINAL PLANTS

3. Which herb is believed to deter mosquitoes with its scent?
LEMON BALM

4. What herb is known for its relaxing properties as well as being often used in fragrances?
LAVENDER

5. What is the common name of Allium Sativa?
GARLIC

6. What type of flavour does Fennel have?
ANISEED or LIQUORICE FLAVOUR

7. Which herb is the main ingredient in Pesto?
BASIL

8. Which herb with a sweet, peppery flavour has a name that means 'joy of the mountain' in Greek?
OREGANO

9. Thyme, Basil, Lemon Balm, Oregano, Lavender, Rosemary and Sage are all members of what family?
MINT FAMILY

10. What 4 herbs feature in the title of the 1966 studio album by Simon& Garfunkel?
PARSLEY, SAGE, ROSEMARY & THYME

## Puzzle 12 – Solution

| | | | |
|---|---|---|---|
| icbolcor | BROCCOLI | rgueieban | AUBERGINE |
| trcsoar | CARROTS | etutgrceo | COURGETTE |
| tleectu | LETTUCE | cbgbeaa | CABBAGE |
| snbeuerra nn | RUNNER BEANS | oetetbro | BEETROOT |
| cwsneteor | SWEETCORN | ucrceubm | CUCUMBER |
| nrnni isgopo | SPRING ONION | saolstlh | SHALLOTS |
| soatmteo | TOMATOES | irwahcdsss | SWISS CHARD |
| hccyroi | CHICORY | elfnen | FENNEL |
| icorneadr | CORIANDER | reockt | ROCKET |
| asqshu | SQUASH | dba nbesaor | BROAD BEANS |
| icyhcro | CHICORY | eclrey | CELERY |
| esrhadis | RADISHES | totosepa | POTATOES |
| swdee | SWEDE | aersylp | PARSLEY |
| leaccrei | CELERIAC | eslke | LEEKS |
| laoweruiflc | CAULIFLOWER | spea | PEAS |
| aekl | KALE | osionn | ONIONS |
| cvshei | CHIVES | nuript | TURNIP |
| rciagl | GARLIC | loorsl sool | LOLLO ROSSO |
| asrnipp | PARSNIP | aiorblhk | KOHLRABI |
| eepprps | PEPPERS | neoorag | OREGANO |

## Puzzle 13 – Solution

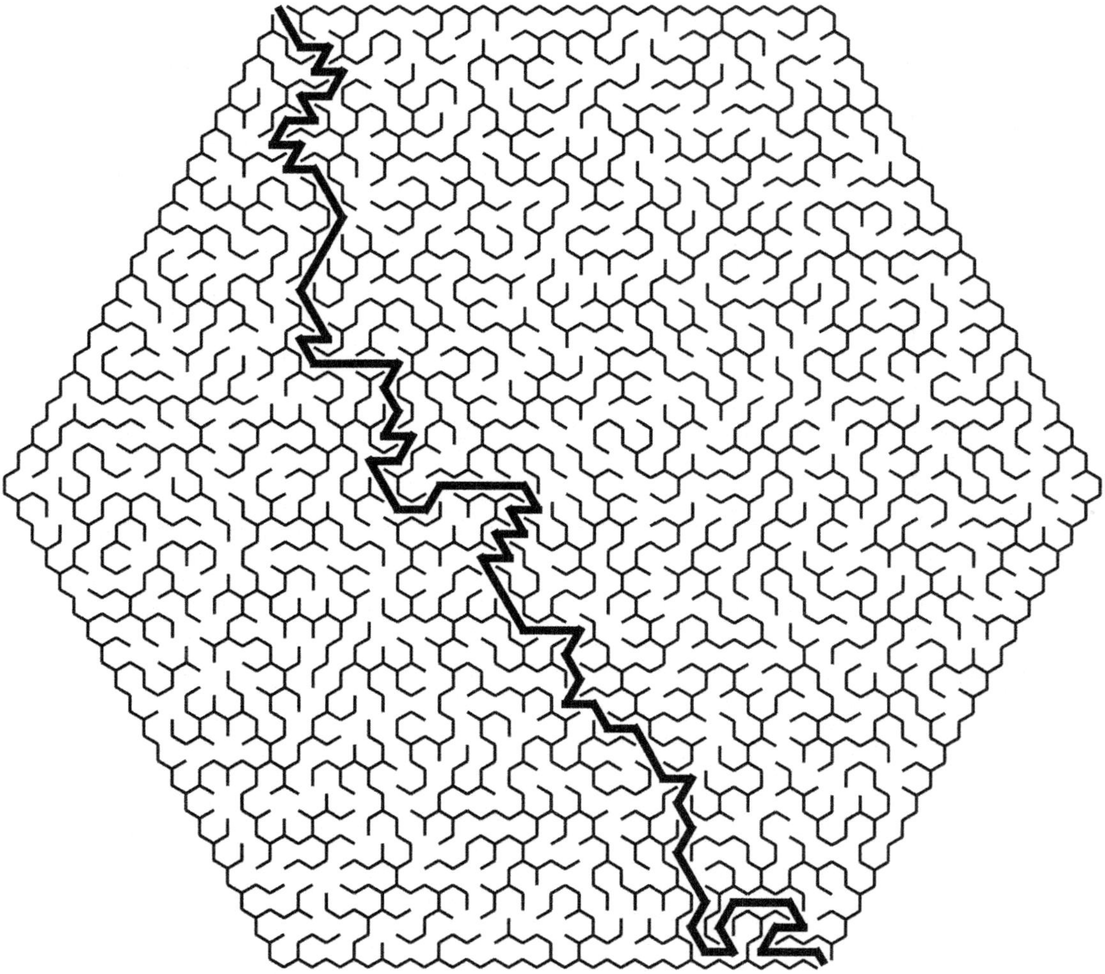

# Puzzle 14 – Solution

| | | | | | | | | | | | | | | | |
|---|---|---|---|---|---|---|---|---|---|---|---|---|---|---|---|
| Q | **W** | **O** | **O** | **L** | **Y** | **A** | **P** | **H** | **I** | **D** | **S** | K | Y | Z | Z | U |
| B | A | K | **S** | **G** | **U** | **B** | **Y** | **L** | **A** | **E** | **M** | **L** | L | D | W | A |
| O | I | H | P | P | W | Z | C | T | O | R | R | **I** | U | K | O | N |
| G | O | O | C | **C** | **A** | **T** | **E** | **R** | **P** | **I** | **L** | **L** | **A** | **R** | **S** | P |
| V | G | R | X | M | **B** | **L** | **A** | **C** | **K** | **F** | **L** | **Y** | I | N | Q | **Y** |
| X | R | D | V | R | X | J | N | X | K | J | Y | **B** | R | Z | **L** | **S** |
| Z | Y | O | N | B | U | J | Y | S | O | C | Q | **E** | X | **F** | G | **E** |
| O | Y | O | L | P | N | B | F | E | Q | V | H | **E** | **E** | T | B | **T** |
| O | I | O | G | E | J | Z | H | U | U | H | R | **T** | V | X | U | **I** |
| O | B | A | **V** | **I** | **N** | **E** | **W** | **E** | **E** | **V** | **I** | **L** | **S** | A | L | **M** |
| K | S | F | X | N | Q | Z | Q | R | **S** | **H** | O | **E** | R | Y | G | **R** |
| H | C | E | X | D | H | Y | T | L | **W** | **T** | P | **S** | Y | J | C | **E** |
| K | Z | Z | **S** | **G** | **U** | **B** | **D** | **I** | **S** | **P** | **A** | **C** | R | I | C | **D** |
| M | C | L | I | P | T | R | J | F | J | D | B | **R** | J | N | Y | **I** |
| J | M | K | H | N | E | B | Q | W | T | T | X | T | S | X | D | **P** |
| I | D | N | Z | R | R | X | D | J | K | Q | V | W | T | C | Z | **S** |
| V | S | L | X | V | A | C | H | E | D | O | X | J | S | U | K | V |

Rats
Mealy Bugs
Caterpillars
Wooly Aphids

Whitefly
Capsid Bugs
Vine Weevils

Blackfly
Lily Beetles
Spider Mites

# Puzzle 15 – Solution

| | | | |
|---|---|---|---|
| oe RadBok a | READ A BOOK | ubatSnhe | SUNBATHE |
| Ralex | RELAX | eauberBc | BARBECUE |
| oSonez | SNOOZE | nlgbwiSla | SWINGBALL |
| atSa rts ehteGaz | GAZE AT THE STARS | iPcnic | PICNIC |
| rmCeiel Tbs | CLIMB TREES | nu aDdBile | BUILD A DEN |
| nmGiatssyc | GYMNASTICS | nesinT | TENNIS |
| Bdtiwrhac | BIRDWATCH | hteckS | SKETCH |
| niPta | PAINT | lroJnau | JOURNAL |
| Rtsnikc Poa | PAINT ROCKS | dtieMeta | MEDITATE |
| oagY | YOGA | Ecsxreie | EXERCISE |
| sbeyielP aFr | PLAY FRISBEE | umpCOat | CAMP OUT |
| rrt enGPdaay | GARDEN PARTY | oO rkutW | WORK OUT |
| erFotwCou id | CUT FIREWOOD | FieBrau id l | BUILD A FIRE |
| eroBfni | BONFIRE | lg ooidPPanld | PADDLING POOL |
| T teefnaooArn | AFTERNOON TEA | nchuats etWS | WATCH SUNSET |
| aenDc | DANCE | Gt Curshte as | CUT THE GRASS |
| ihTCia | TAI CHI | MnoneCgof rfi | COFFE MORNING |
| obPaolyl Flat | PLAY FOOTBALL | ecllCoor sCkent | COLLECT CONKERS |
| twyhP Doit hglae | PLAY WITH THE DOG | ietsSklt | SKITTLES |
| nhSae csWitur | WATCH SUNRISE | etsmleloRSeh s | SMELL THE ROSES |

# Puzzle 16 – Solution

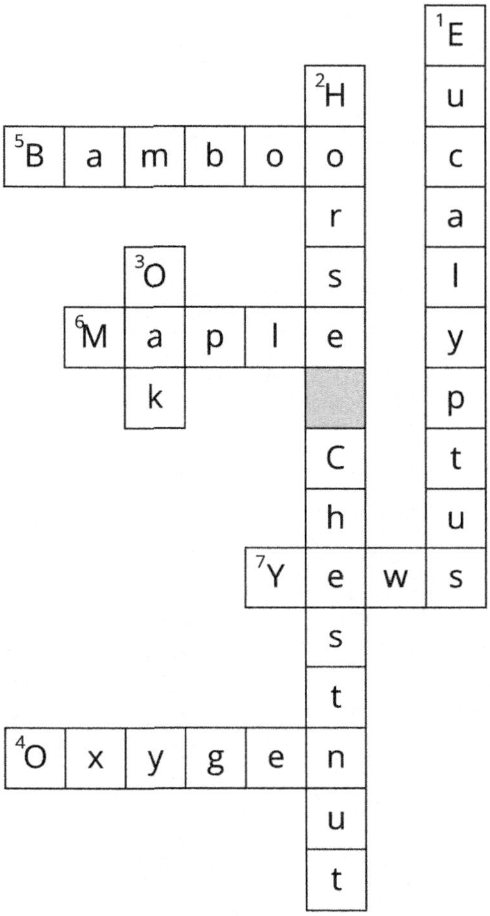


Across
4. What kind of gas do trees produce that help us Humans?
5. Which is the fastest growing tree type?
6. Acer is a genus of trees commonly known by what name?
7. Which trees are a traditional feature of churchyards?

Down
1. Australian tree, the oil of which is often turned to during Flu Season
2. The nuts of which trees are commonly called 'conkers'?
3. What tree produces acorns?

## Puzzle 17 – Solution

| | | | | | | | | | | | | | | | |
|---|---|---|---|---|---|---|---|---|---|---|---|---|---|---|---|
| 1 | 💣 | 1 | | | | | | 1 | 💣 | 1 | 1 | 1 | 1 | | |
| 1 | 1 | 1 | | 1 | 1 | 2 | 1 | 2 | 1 | 1 | 1 | 💣 | 2 | 1 | 1 |
| | 1 | 1 | 1 | 1 | 💣 | 2 | 💣 | 2 | 1 | 1 | 2 | 2 | 3 | 💣 | 1 |
| | 1 | 💣 | 2 | 2 | 1 | 2 | 1 | 2 | 💣 | 1 | 1 | 💣 | 2 | 1 | 1 |
| | 1 | 2 | 💣 | 2 | 2 | 2 | 1 | 1 | 1 | 1 | 1 | 1 | 1 | | |
| 1 | 1 | 2 | 3 | 4 | 💣 | 💣 | 1 | 1 | 1 | 2 | 1 | 1 | 1 | 1 | 1 |
| 💣 | 3 | 2 | 💣 | 💣 | 3 | 2 | 1 | 1 | 💣 | 2 | 💣 | 2 | 2 | 💣 | 1 |
| 💣 | 💣 | 2 | 2 | 2 | 2 | 1 | 1 | 1 | 1 | 2 | 1 | 2 | 💣 | 2 | 1 |
| 2 | 3 | 3 | 2 | 2 | 2 | 💣 | 1 | 1 | 1 | 1 | | 2 | 2 | 2 | |
| | 2 | 💣 | 💣 | 2 | 💣 | 2 | 2 | 2 | 💣 | 1 | | 1 | 💣 | 1 | |
| | 2 | 💣 | 3 | 2 | 1 | 2 | 2 | 💣 | 2 | 1 | | 1 | 2 | 2 | 1 |
| 1 | 2 | 1 | 1 | | | 1 | 💣 | 2 | 1 | 1 | 1 | 2 | 2 | 💣 | 1 |
| 💣 | 2 | 1 | 1 | 1 | 1 | 1 | 1 | 1 | | 1 | 💣 | 2 | 💣 | 2 | 1 |
| 2 | 💣 | 2 | 2 | 💣 | 1 | | | | | 1 | 2 | 3 | 2 | 1 | |
| 2 | 2 | 3 | 💣 | 2 | 1 | | | | | | 1 | 💣 | 2 | 1 | 1 |
| 1 | 💣 | 2 | 1 | 1 | | | | | | | 1 | 1 | 2 | 💣 | 1 |

# Puzzle 18 – Solution

1. Which flower is sometimes called the 'Sword Lily'?
GLADIOLUS

2. What name is given to the pollen-producing reproductive organ of a flower composed of an anther and a filament?
STAMEN

3. Saffron comes from which type of flower?
CROCUS

4. Azaleas are flowering shrubs in which genus?
RHODODENDRON

5. Which popular Christmas plant with red flowers gets its common name from the first American Minister to Mexico?
POINSETTA

6. Which flower inspired the William Wordsworth poem 'I wandered lonely as a cloud'?
DAFFODIL

7. Who wrote the book 'The Chrysanthemums'?
JOHN STEINBECK

8. Which flower's name comes from the Latin word for Star?
ASTER

9. What colour are the flowers of the Mock Orange, Philadelphus?
WHITE

10. Erica Carnea is an example of which winter-flowering, low growing shrub?
HEATHER

## Puzzle 19 – Solution

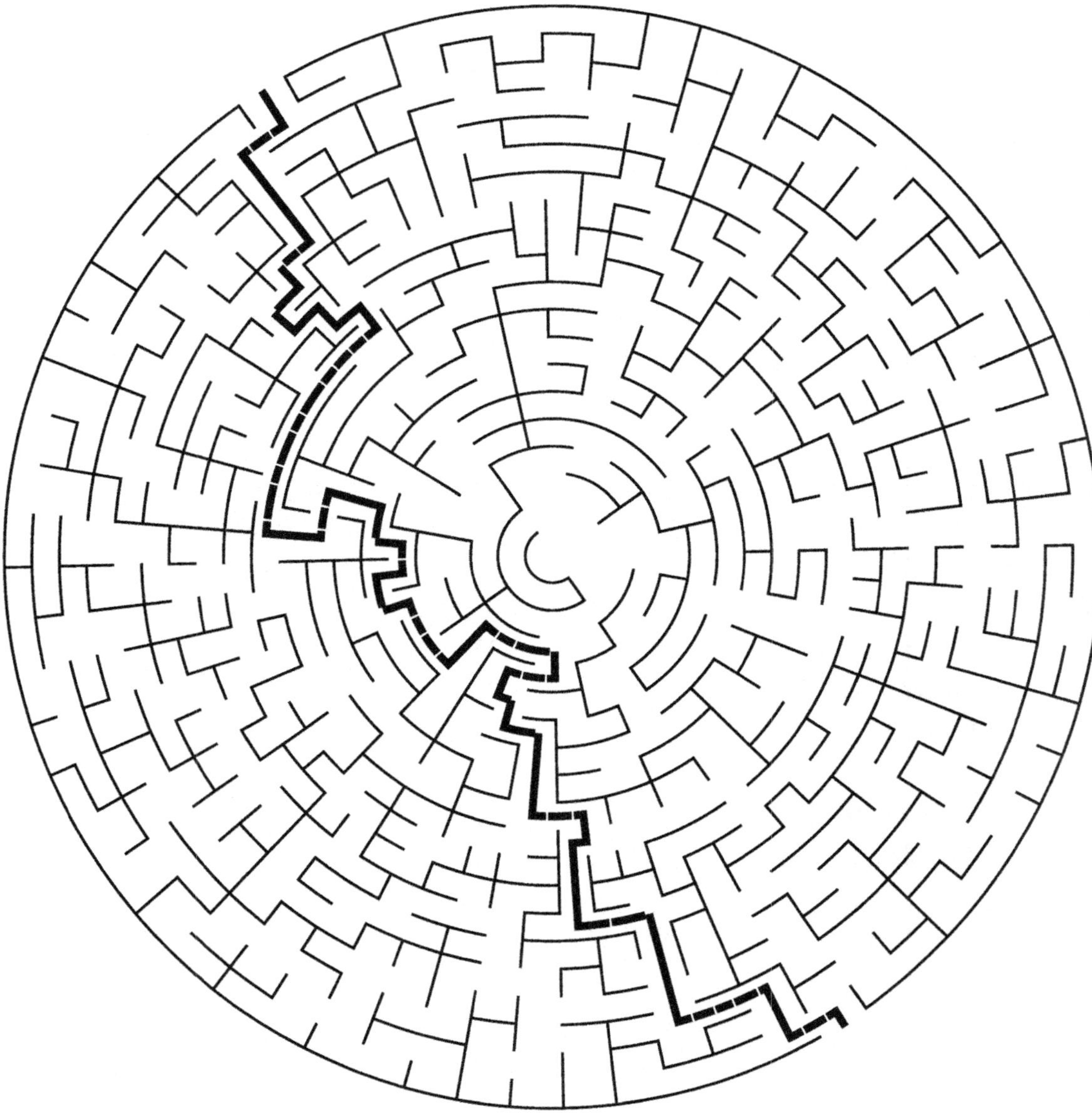

## Puzzle 20 – Solution

| | | | | | | | | | | | | | | | |
|---|---|---|---|---|---|---|---|---|---|---|---|---|---|---|---|
| X | G | R | A | P | E | V | I | N | E | X | B | G | P | W | K |
| J | T | Q | L | B | W | O | M | M | B | E | G | O | N | I | A |
| E | V | O | A | P | Y | R | A | C | A | N | T | H | A | S | C |
| K | I | C | E | A | N | O | T | H | U | S | V | J | G | T | S |
| V | Y | D | M | H | A | C | L | E | M | A | T | I | S | E | I |
| A | X | K | A | O | P | K | P | J | B | H | Z | S | E | R | J |
| L | N | I | I | D | A | T | X | M | U | E | H | K | Y | I | Y |
| M | U | X | D | U | S | R | E | I | G | D | Y | A | N | A | I |
| H | O | N | E | Y | S | U | C | K | L | E | D | J | I | Z | P |
| F | M | F | N | S | I | M | L | H | E | R | R | K | C | P | M |
| B | N | U | H | T | F | P | H | C | W | A | A | S | W | L | R |
| X | S | C | A | R | L | E | R | H | E | A | N | E | S | N | S |
| A | N | H | I | U | O | T | K | W | E | G | G | R | T | C | Y |
| O | G | S | R | K | R | G | H | Q | D | D | E | H | F | Y | M |
| R | R | I | A | J | A | D | F | G | J | U | A | S | K | C | L |
| J | J | A | S | M | I | N | E | O | A | I | P | F | Y | N | Y |

| | | |
|---|---|---|
| Hedera | Jasmine | Fuchsia |
| Begonia | Wisteria | Clematis |
| Hydrangea | Ceanothus | Grapevine |
| Bugleweed | Pyracantha | Passiflora |
| Maidenhair | Honeysuckle | Rocktrumpet |

## Puzzle 21 – Solution

| | | | | | | | | | | | | | | | |
|---|---|---|---|---|---|---|---|---|---|---|---|---|---|---|---|
| 7 | 2 | 11 | 8 | 1 | 16 | 6 | 10 | 4 | 15 | 9 | 3 | 14 | 13 | 12 | 5 |
| 5 | 4 | 15 | 12 | 11 | 13 | 7 | 8 | 1 | 6 | 14 | 16 | 10 | 9 | 2 | 3 |
| 16 | 6 | 1 | 13 | 14 | 5 | 3 | 9 | 7 | 12 | 2 | 10 | 8 | 4 | 15 | 11 |
| 3 | 9 | 14 | 10 | 2 | 4 | 15 | 12 | 8 | 5 | 13 | 11 | 1 | 6 | 16 | 7 |
| 14 | 3 | 8 | 9 | 4 | 1 | 2 | 13 | 6 | 7 | 5 | 15 | 16 | 12 | 11 | 10 |
| 13 | 16 | 10 | 15 | 7 | 11 | 14 | 6 | 3 | 1 | 4 | 12 | 9 | 8 | 5 | 2 |
| 6 | 11 | 5 | 1 | 8 | 10 | 12 | 3 | 13 | 2 | 16 | 9 | 15 | 7 | 14 | 4 |
| 12 | 7 | 2 | 4 | 5 | 9 | 16 | 15 | 14 | 10 | 11 | 8 | 6 | 3 | 13 | 1 |
| 1 | 10 | 7 | 2 | 13 | 6 | 5 | 14 | 12 | 8 | 3 | 4 | 11 | 15 | 9 | 16 |
| 9 | 13 | 4 | 16 | 3 | 12 | 11 | 1 | 2 | 14 | 15 | 5 | 7 | 10 | 6 | 8 |
| 11 | 15 | 6 | 3 | 10 | 7 | 8 | 2 | 9 | 16 | 1 | 13 | 12 | 5 | 4 | 14 |
| 8 | 5 | 12 | 14 | 16 | 15 | 9 | 4 | 10 | 11 | 7 | 6 | 3 | 2 | 1 | 13 |
| 15 | 12 | 16 | 5 | 6 | 14 | 13 | 7 | 11 | 3 | 8 | 2 | 4 | 1 | 10 | 9 |
| 2 | 14 | 3 | 11 | 9 | 8 | 10 | 5 | 15 | 4 | 12 | 1 | 13 | 16 | 7 | 6 |
| 10 | 1 | 13 | 7 | 15 | 3 | 4 | 16 | 5 | 9 | 6 | 14 | 2 | 11 | 8 | 12 |
| 4 | 8 | 9 | 6 | 12 | 2 | 1 | 11 | 16 | 13 | 10 | 7 | 5 | 14 | 3 | 15 |

## Puzzle 22 – Solution

| | | | |
|---|---|---|---|
| aSytbrwerr | STRAWBERRY | uyrerblBe | BLUEBERRY |
| ryaesrpbR | RASPBERRY | omTmPl otau | PLUM TOMATO |
| mrcbCeuu | CUCUMBER | tpAiroc | APRICOT |
| bAeuigern | AUBERGINE | Luetetc | LETTUCE |
| iocorclB | BROCCOLI | leKa | KALE |
| ionnO | ONION | eachP | PEACH |
| pepAl | APPLE | rPea | PEAR |
| ofawClrielu | CAULIFLOWER | Chyrer | CHERRY |
| pPasinr | PARSNIP | urnpTi | TURNIP |
| piaSnhc | SPINACH | oaotPt | POTATO |
| noemrlWtea | WATERMELON | Pnleeipap | PINEAPPLE |
| lMnoe | MELON | ranetdurcR | REDCURRANT |
| goMna | MANGO | oaoAvcd | AVOCADO |
| nFelne | FENNEL | ooBtrtee | BEETROOT |
| annaaB | BANANA | eotguCrte | COURGETTE |
| bCgaabe | CABBAGE | beByckralr | BLACKBERRY |
| keLe | LEEK | hdsiRa | RADISH |
| Snotrcwee | SWEETCORN | oermhor tyCTa | CHERRY TOMATO |
| reppeP | PEPPER | eePStwaotto | SWEET POTATO |
| Baesn | BEANS | sLRoso ooll | LOLLO ROSSO |

# Puzzle 23 – Solution

| | | | | | | | | | | | | | | | |
|---|---|---|---|---|---|---|---|---|---|---|---|---|---|---|---|
| | | 1 | 1 | 2 | 💣 | 1 | | | | | | | | | |
| 1 | 1 | 2 | 💣 | 3 | 2 | 3 | 1 | 1 | | 1 | 1 | 2 | 2 | 3 | 2 |
| 1 | 💣 | 2 | 1 | 2 | 💣 | 2 | 💣 | 2 | 1 | 3 | 💣 | 4 | 💣 | 💣 | 💣 |
| 1 | 2 | 3 | 2 | 2 | 2 | 3 | 2 | 2 | 💣 | 4 | 💣 | 4 | 💣 | 4 | 2 |
| | 1 | 💣 | 💣 | 1 | 1 | 💣 | 2 | 2 | 2 | 💣 | 2 | 3 | 2 | 2 | |
| | 1 | 2 | 2 | 1 | 1 | 2 | 💣 | 1 | 1 | 1 | 1 | 1 | 💣 | 1 | |
| | | 1 | 1 | 1 | | 2 | 2 | 2 | | | | 1 | 1 | 1 | |
| | | 1 | 💣 | 1 | | 1 | 💣 | 2 | 2 | 2 | 2 | 2 | 1 | 1 | |
| | | 1 | 1 | 1 | | 1 | 2 | 💣 | 2 | 💣 | 💣 | 2 | 💣 | 1 | |
| | | | | | | | 2 | 3 | 4 | 3 | 2 | 2 | 1 | 1 | |
| 1 | 1 | 1 | 1 | 2 | 2 | 1 | 1 | 💣 | 💣 | 3 | 2 | 1 | 2 | 2 | 2 |
| 1 | 💣 | 1 | 1 | 💣 | 💣 | 1 | 1 | 3 | 💣 | 💣 | 3 | 💣 | 3 | 💣 | 💣 |
| 1 | 1 | 2 | 2 | 3 | 2 | 1 | | 1 | 2 | 2 | 3 | 💣 | 3 | 3 | 3 |
| | | 1 | 💣 | 1 | | | | | | | 1 | 1 | 1 | 1 | 💣 |
| | | 1 | 1 | 1 | | | | | 1 | 2 | 2 | 1 | 1 | 2 | 2 |
| | | | | | | | | | 1 | 💣 | 💣 | 1 | 1 | 💣 | 1 |

## Puzzle 24 – Solution

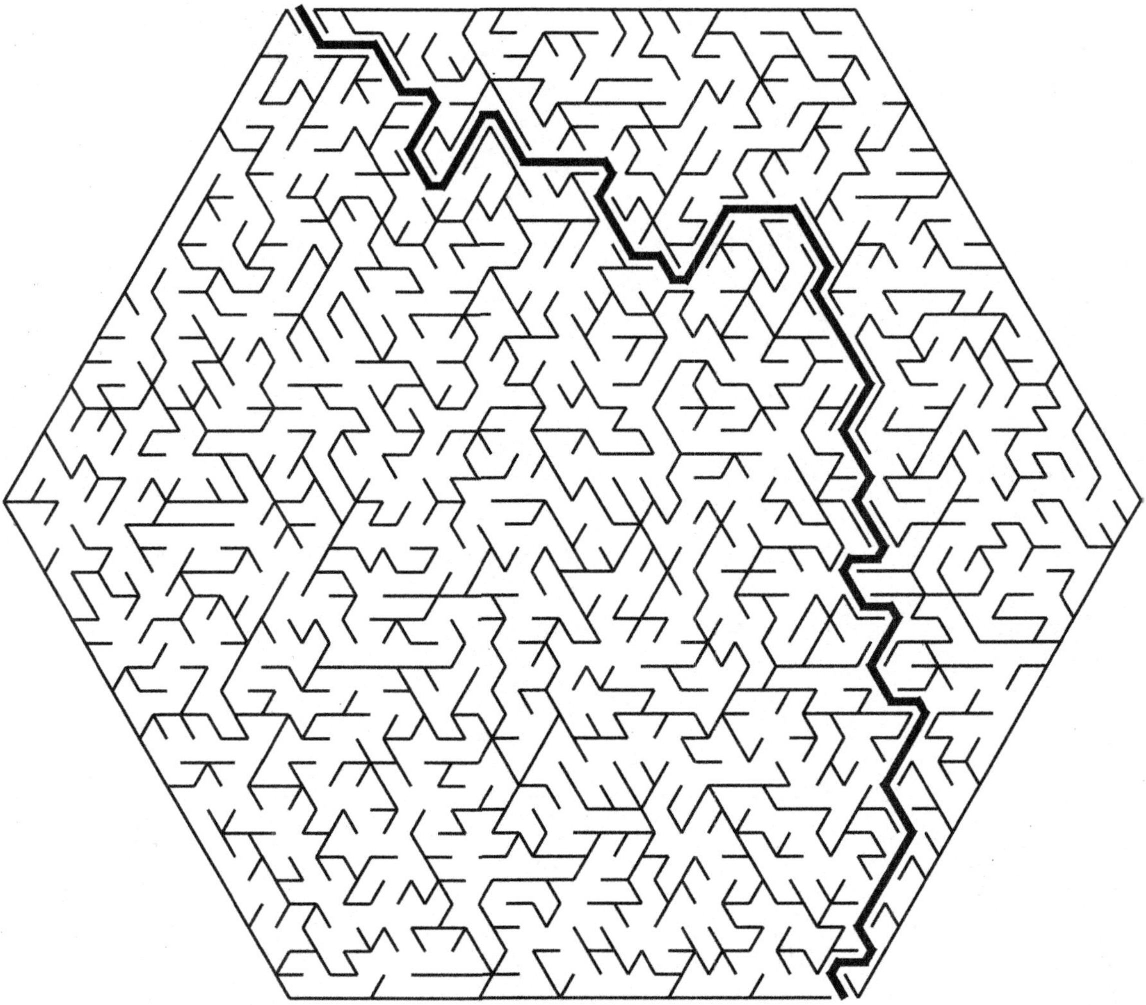

# Puzzle 25 – Solution

| | | | |
|---|---|---|---|
| rdlAe | ALDER | pAepl | APPLE |
| Ahs | ASH | nseAp | ASPEN |
| ehceB | BEECH | iBchr | BIRCH |
| xBo | BOX | reCda | CEDAR |
| Cehryr | CHERRY | doonwoCtot | COTTONWOOD |
| uCbucemr | CUCUMBER | lEm | ELM |
| cpusyEualt | EUCALYPTUS | iFg | FIG |
| thHanrwo | HAWTHORN | Halze | HAZEL |
| olcmHek | HEMLOCK | iykrocH | HICKORY |
| yHlol | HOLLY | nbeoHrma | HORNBEAM |
| uierJnp | JUNIPER | okpaK | KAPOK |
| Karui | KAURI | crLha | LARCH |
| Liem | LIME | aeMlp | MAPLE |
| aOk | OAK | aerP | PEAR |
| niPe | PINE | Rowddoe | REDWOOD |
| onRwa | ROWAN | ebRrub | RUBBER |
| aasfsssarS | SASSAFRASS | uperSc | SPRUCE |
| Srameyco | SYCAMORE | eurilpeTT | TULIP TREE |
| aWltnu | WALNUT | habtieemW | WHITEBEAM |
| llowiW | WILLOW | Ywe | YEW |

## Puzzle 26 – Solution

| | | | | | | | | | | | | | | |
|---|---|---|---|---|---|---|---|---|---|---|---|---|---|---|
| | 16↓ | 31↓ | 37↓ | 6↓ | 39↓ | 8↓ | 2↓ | 16↓ | 1↓ | | 8↓ | 6↓ | 7↓ | 32↓ |
| 45→ | 5 | 7 | 4 | 6 | 9 | 3 | 2 | 8 | 1 | 30→ 7↓ | 8 | 6 | 7 | 9 |
| 18→ | 7 | 2 | 9 | 9→ 45↓ | 4 | 5 | 1→ | 1 | 7→ 8↓ | 7 | 15↓ | 40↓ | 8→ 34↓ | 8 |
| 22→ | 4 | 9 | 3 | 1 | 5 | 9↓ | 12→ 30↓ | 7 | 5 | 26→ 34↓ | 8 | 9 | 6 | 3 |
| | 30→ | 1 | 5 | 6 | 7 | 2 | 9 | 25→ 14↓ | 3 | 8 | 2 | 4 | 1 | 7 |
| | 35→ 30↓ | 5 | 8 | 3 | 2 | 7 | 4 | 6 | 20→ | 4 | 5 | 2 | 8 | 1 |
| 26→ | 1 | 4 | 6 | 7 | 8 | 9→ | 6 | 3 | 9→ 2↓ | 9 | 13→ 22↓ | 6 | 3 | 4 |
| 20→ | 6 | 3 | 2 | 8 | 1 | 35→ | 1 | 5 | 2 | 7 | 3 | 8 | 9 | 4↓ |
| 3→ | 3 | 5↓ | 5→ 14↓ | 2 | 3 | 2→ 31↓ | 2 | 17↓ | 23→ 31↓ | 6 | 8 | 3 | 2 | 4 |
| 19→ | 4 | 5 | 1 | 9 | 21→ 20↓ | 5 | 8 | 7 | 1 | 18→ 9↓ | 6 | 7 | 5 | 23↓ |
| 9→ | 9 | 23→ 22↓ | 6 | 5 | 3 | 9 | 21→ | 4 | 9 | 2 | 5 | 1 | 9→ 8↓ | 9 |
| 27→ | 5 | 8 | 7 | 4 | 1 | 2 | 14→ 7↓ | 6 | 7 | 1 | 8↓ | 15→ 10↓ | 8 | 7 |
| 9→ | 2 | 7 | 15↓ | 20→ 3↓ | 5 | 8 | 7 | 20→ 12↓ | 2 | 6 | 4 | 8 | 4→ 14↓ | 4 |
| | 27→ 3↓ | 5 | 9 | 2 | 4 | 7 | 17→ 5↓ | 9 | 8 | 12→ 2↓ | 3 | 2 | 6 | 1 |
| 19→ | 3 | 2 | 6 | 1 | 7 | 15→ | 5 | 3 | 4 | 2 | 1 | 10→ | 8 | 2 |

## Puzzle 27 – Solution

1. What is the botanical word for a fruit with a stone, such as a peach, cherry, nectarine, apricot or olive?
DRUPE

2. What is the name of the Flower represented in a stylised form as a fleur-de-lis?
LILY

3. Who wrote the poem 'Ah Sunflower'?
WILLIAM BLAKE

4. 'Fortnight Lily' is another name for which flowering plant?
AFRICAN IRIS

5. Which succulent plant provides the basis for Tequila?
AGAVE

6. From which country do crocosmias, nerines, agapantus gladioli originate?
SOUTH AFRICA

7. Where would you be most likely to see Rachel de Thame and Bobby Charlton together?
IN A ROSE BED. THEY ARE BOTH TYPES OF ROSES

8. How deep should bulbs be planted - once, twice or three times their height?
THREE

9. What part of a mother-in-law is used in the naming of popular houseplant?
TONGUE

10. What is the Latin name of a Christmas Rose?
HELLEBORUS NIGER

## Puzzle 28 – Solution

| | | | | | | | | | | | | | | | | | |
|---|---|---|---|---|---|---|---|---|---|---|---|---|---|---|---|---|---|
| J | K | D | A | P | H | N | E | I | M | T | P | A | N | S | Y | C | I |
| J | H | D | F | P | Y | I | O | C | O | I | H | U | L | R | A | A | K |
| P | Y | G | P | O | Y | E | Z | H | Z | Q | G | J | Y | V | U | M | Y |
| Q | Q | W | F | V | B | Q | L | R | N | C | G | T | Y | T | W | E | K |
| A | T | K | E | H | E | E | Z | I | R | U | X | H | T | Y | S | L | V |
| W | I | N | T | E | R | J | A | S | M | I | N | E | G | E | Q | I | E |
| D | I | E | X | T | G | Y | T | T | G | Y | P | A | T | P | C | A | R |
| G | C | V | G | N | E | E | L | M | F | R | V | T | C | U | J | O | P |
| A | P | O | H | B | N | P | N | A | N | J | H | H | P | L | F | S | O |
| M | A | H | O | N | I | A | K | S | Q | B | E | E | R | O | E | L | F |
| N | T | M | O | V | A | X | L | R | Q | N | L | R | I | S | D | A | J |
| U | T | S | N | O | W | D | R | O | P | P | L | W | M | X | A | C | K |
| N | Z | B | E | N | T | R | W | S | F | J | E | Z | R | C | P | O | U |
| M | B | C | A | V | I | O | L | E | T | Q | B | P | O | F | X | N | C |
| H | M | S | H | Q | K | S | Q | W | E | T | O | W | S | J | B | I | W |
| T | K | A | A | L | D | T | S | S | N | L | R | C | E | S | K | T | N |
| A | M | R | W | I | T | C | H | H | A | Z | E | L | V | I | K | E | J |
| A | C | Y | C | L | A | M | E | N | D | E | X | M | J | C | C | R | K |

Pansy
Camelia
Heather
Primrose
Witch Hazel

Daphne
Aconite
Snowdrop
Bergenia
Winter Jasmine

Violet
Mahonia
Cyclamen
Hellebore
Christmas Rose

## Puzzle 29 – Solution

| | | | | | | | | | | | | | | | |
|---|---|---|---|---|---|---|---|---|---|---|---|---|---|---|---|
| 16 | 15 | 11 | 8 | 9 | 10 | 4 | 6 | 13 | 5 | 7 | 1 | 2 | 12 | 14 | 3 |
| 14 | 3 | 5 | 2 | 11 | 15 | 7 | 8 | 4 | 9 | 16 | 12 | 13 | 1 | 6 | 10 |
| 4 | 13 | 7 | 1 | 3 | 14 | 12 | 5 | 10 | 2 | 11 | 6 | 9 | 15 | 8 | 16 |
| 12 | 6 | 10 | 9 | 1 | 2 | 16 | 13 | 15 | 14 | 3 | 8 | 4 | 5 | 11 | 7 |
| 9 | 16 | 3 | 15 | 2 | 13 | 8 | 12 | 14 | 4 | 1 | 7 | 10 | 6 | 5 | 11 |
| 10 | 11 | 6 | 4 | 16 | 5 | 15 | 1 | 12 | 3 | 13 | 9 | 14 | 8 | 7 | 2 |
| 7 | 14 | 8 | 12 | 10 | 6 | 11 | 4 | 5 | 15 | 2 | 16 | 1 | 9 | 3 | 13 |
| 1 | 2 | 13 | 5 | 14 | 3 | 9 | 7 | 11 | 6 | 8 | 10 | 12 | 4 | 16 | 15 |
| 3 | 10 | 1 | 6 | 4 | 9 | 14 | 16 | 7 | 12 | 5 | 13 | 15 | 11 | 2 | 8 |
| 13 | 12 | 2 | 16 | 7 | 11 | 3 | 10 | 1 | 8 | 4 | 15 | 5 | 14 | 9 | 6 |
| 15 | 9 | 14 | 7 | 8 | 12 | 5 | 2 | 6 | 11 | 10 | 3 | 16 | 13 | 4 | 1 |
| 8 | 5 | 4 | 11 | 6 | 1 | 13 | 15 | 2 | 16 | 9 | 14 | 3 | 7 | 10 | 12 |
| 5 | 8 | 15 | 14 | 12 | 4 | 10 | 11 | 16 | 13 | 6 | 2 | 7 | 3 | 1 | 9 |
| 11 | 1 | 9 | 13 | 5 | 16 | 2 | 3 | 8 | 7 | 12 | 4 | 6 | 10 | 15 | 14 |
| 2 | 7 | 12 | 10 | 15 | 8 | 6 | 9 | 3 | 1 | 14 | 5 | 11 | 16 | 13 | 4 |
| 6 | 4 | 16 | 3 | 13 | 7 | 1 | 14 | 9 | 10 | 15 | 11 | 8 | 2 | 12 | 5 |

## Puzzle 30 – Solution

| | |
|---|---|
| Tulip | Daffodil |
| Hyacinth | Crocus |
| Lily | Alium |
| Amarylis | Galanthus |
| Bluebell | Fritillaria |
| Grape Hyacinth | Iris |
| Anemone | Scilla |
| Dahlia | Canna Lily |
| Galtonia | Tritonia |
| Autumn Crocus | Tuberose |
| Freesia | Begonia |
| Ranunculus | Camassia |
| Dogs Tooth Violet | Sprekelia |
| Zephyranthes | Habranthus |
| Siberian Lily | Star of Bethlehem |
| Dahlia | Oxalis |
| Nerine | Brodiaea |
| Winter Aconite | Summer Hyacinth |
| Triplet Lily | Sternbergia |
| Pineapple Lily | Slime Lily |

# Puzzle 31 – Solution

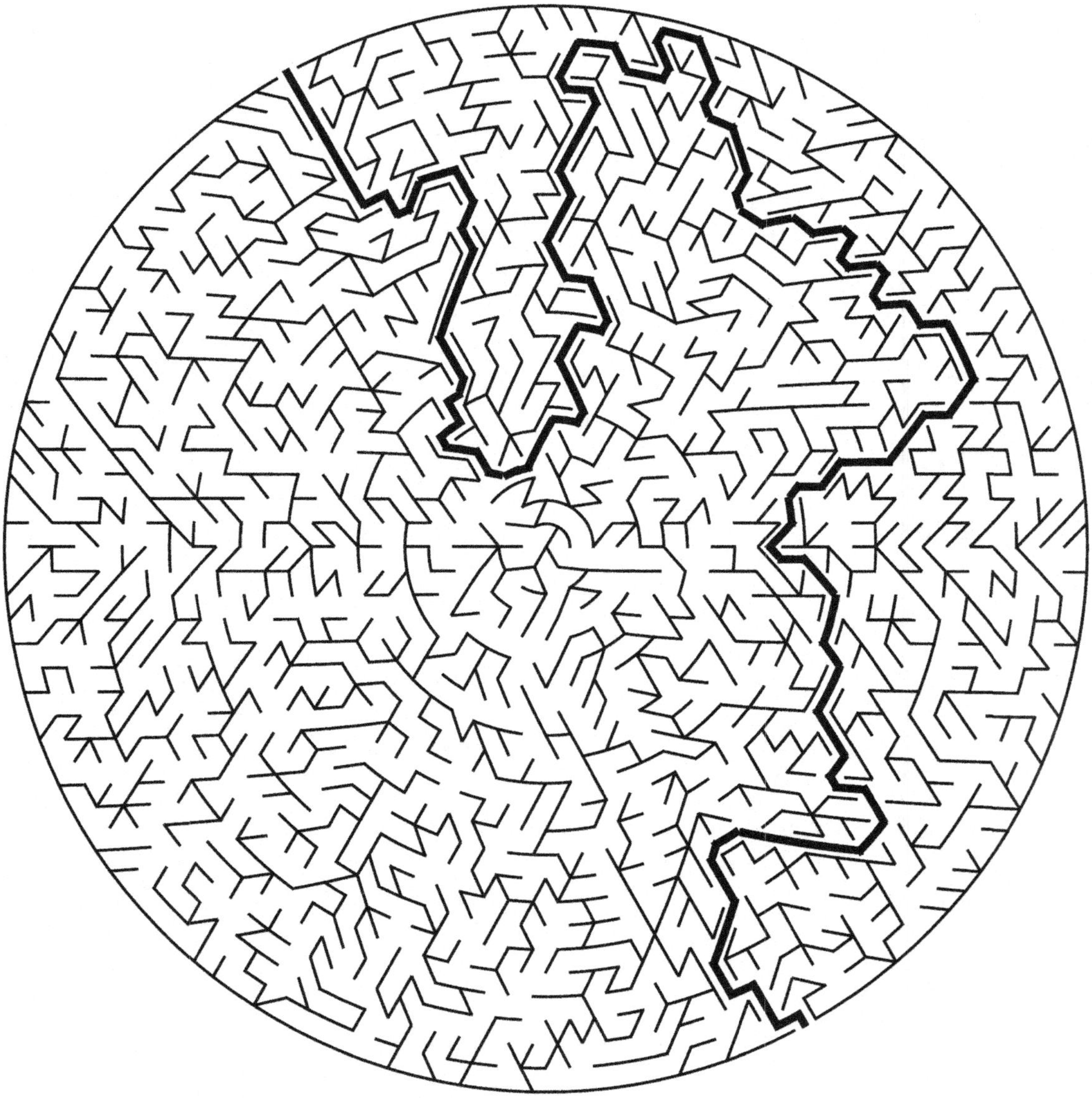

# Puzzle 32 – Solution

| | | | |
|---|---|---|---|
| Ribon | ROBIN | HousoraewS rp | HOUSE SPARROW |
| uB eitlT | BLUE TIT | te rGaiTt | GREAT TIT |
| brdalBcik | BLACKBIRD | Srgaitln | STARLING |
| fchnafCih | CHAFFINCH | eciGnrhenf | GREENFINCH |
| idfncoGlh | GOLDFINCH | oiodneWgop | WOODPIGEON |
| o ealreovdlDC | COLLARED DOVE | ocnDnku | DUNNOCK |
| gTSuh oshrn | SONG THRUSH | enrW | WREN |
| eaMgpi | MAGPIE | orawCCnrr io | CARRION CROW |
| kcaawJd | JACKDAW | LioiTlt naetgd | LONGTAILED TIT |
| ltaiTC o | COAL TIT | haucthNt | NUTHATCH |
| peTrreeerec | TREECREEPER | croS ep keWdeaptedototrG | GREAT SPOTTED WOODPECKER |
| nRwgedi | REDWING | raiefeFdl | FIELDFARE |
| iWalieadtPg | PIED WAGTAIL | uiclnBflh | BULLFINCH |
| pSkwarrwhao | SPARROWHAWK | odrcGlets | GOLDCREST |
| Siksni | SISKIN | trn uMioaHes | HOUSE MARTIN |
| aoSlwlw | SWALLOW | ifwtS | SWIFT |
| apBlkcac | BLACKCAP | hffCfiafch | CHIFFCHAFF |
| edeockG Wporerne | GREEN WOODPECKER | aJy | JAY |
| peeRslle Ldsro | LESSER REDPOLL | TsaiMhr t | MARSH TIT |
| Wawlrrel lWiob | WILLOW WARBLER | Wrr labnaGeerd | GARDEN WARBLER |

# Puzzle 33 – Solution

| | | | | | | | | | | | | | | |
|---|---|---|---|---|---|---|---|---|---|---|---|---|---|---|
| | 8↓ | 17↓ | 16↓ | | 37↓ | 11↓ | 5↓ | 15↓ | 24↓ | 20↓ | 41↓ | 33↓ | 6↓ | |
| 12→ | 5 | 1 | 6 | 45→ | 1 | 7 | 5 | 8 | 9 | 4 | 3 | 2 | 6 | 4↓ |
| 12→ | 3 | 5 | 4 | 13→ 15↓ | 9 | 4 | 32→ 12↓ | 6 | 8 | 2 | 7 | 9 | 4→ 25↓ | 4 |
| | 22→ 17↓ | 9 | 5 | 1 | 7 | 38→ 34↓ | 2 | 1 | 7 | 8 | 9 | 5 | 6 | 43↓ |
| 33→ | 8 | 2 | 1 | 6 | 4 | 9 | 3 | 10↓ | 18→ 5↓ | 6 | 1 | 4 | 2 | 5 |
| 1→ | 1 | 41↓ | 29→ 14↓ | 8 | 2 | 4 | 7 | 3 | 5 | 30→ 29↓ | 8 | 7 | 9 | 6 |
| 10→ | 2 | 3 | 5 | 11→ | 5 | 6 | 1→ 4↓ | 1 | 22→ 15↓ | 5 | 2 | 6 | 8 | 1 |
| 22→ | 6 | 9 | 7 | 36→ | 3 | 2 | 4 | 6 | 7 | 9 | 5 | | 3→ 2↓ | 3 |
| | 10→ 28↓ | 8 | 2 | 11→ 6↓ | 6 | 5 | 29↓ | 14→ | 5 | 3 | 6 | 6→ 15↓ | 2 | 4 |
| 15→ | 8 | 7 | 2→ 3↓ | 2 | 11→ 15↓ | 7 | 4 | 7→ 15↓ | 3 | 4 | 5→ 7↓ | 5 | 7→ 7↓ | 7 |
| 38→ | 2 | 6 | 3 | 4 | 9 | 1 | 5 | 8 | 32→ 7↓ | 8 | 7 | 6 | 2 | 9 |
| 10→ | 9 | 1 | 5↓ | 6→ 4↓ | 6 | 19→ 20↓ | 8 | 4 | 7 | 11↓ | 14→ | 1 | 5 | 8 |
| 13→ | 3 | 5 | 4 | 1 | 14→ | 4 | 7 | 3 | 3→ 3↓ | 3 | 3→ 11↓ | 3 | 12↓ | 4↓ |
| 11→ | 5 | 2 | 1 | 3 | 10→ | 7 | 3 | 9→ 3↓ | 3 | 2 | 4 | 5→ 2↓ | 4 | 1 |
| 1→ | 1 | | | | 14→ | 9 | 2 | 3 | 26→ | 6 | 7 | 2 | 8 | 3 |

## Puzzle 34 – Testing Trivia

1. Which American state is known as the Sunshine State and is famous for its orange groves?
FLORIDA

2. What's the name of the garden located in New York that has 250 acres of plant collections, including the Peggy Rockerfeller Rose Garden?
THE NEW YORK BOTANICAL GARDEN

3. What is the offical state flower of Texas?
BLUEBONNET

4. Which vegetable, often used in Southern cuisine, has the scientific name Capsicum Annum?
BELL PEPPER

5. In which American state is the annual National Cherry Blossom Festival held, celebrating the bloom of cherry trees gifted from Japan?
WASHINGTON D.C.

6. What is the most widely grown fruit tree in American home gardens, known for varieties like McIntosh, Granny Smith and Red Delicious?
APPLE TREE

7. Which herb, often used in Italian and American cooking, is known for its fragrant green or purple leaves?
BASIL

8. What is the common name of the perennial flowering plant native to the prairies, known for its conical seed head?
ECHINACEA - PURPLE CONEFLOWER

9. Which native American tree is the source of a popular sweet syrup?
SUGAR MAPLE

10. What is the name of the shrub with red berries, often used for Christmas decorations?
AMERICAN HOLLY

## Puzzle 35 – Solution

ACAI. ACING. ACORN. AGAIN. AGAR. AGING. AGOG. AGONIC. AGORA. AGRARIAN. AGRIN. AIRING. ANAGOGIC. ANGARIA. ANGICO. ANGINA. ANGORA. ANION. ANIONIC. ANON. ARANCINI. ARCANA. ARCING. ARCO. ARGON. ARIA. ARNICA. ARRAIGN. ARRAIGNING. ARRANGIN. CACAO. CAGING. ACAIRN. CANCAN. CANING. CANNA. CANNING. CANNON. CANNONING. CANON. CANONIC. CARGO. CARING. CARIOCA. CARRION. CIAO. CIGAR. CIRCA. CIRRI. COCA. COCCI. COCOA. COCOON. COCOONING. COGNAC. COIN. COINING. COIR. CONACRING. CONGA. CONGAING. CONIC. CONNING. COOING. CORGI. CORING. CORN. CORONA CRAG. CRANIA. CRANING. CRANNOG. CRINGING. CROC. CROCI. CROON. CROONING. GAGA. GAGGING. GAIN. GAINING. GANG. GANING. GARAGING. GARCON. GARNI. GARRING. GIGGING. GINNING. GNARRING. GOING. GONG. GONGING. GONNA. GOON. GORGING. GORGONIAN. GORING. GRACING. GRAIN. GRAINING. GRAN. GRIN. GRINGO. GRINNING. GROAN. GROANING. GROG. GROIN. ICING. ICON. ICONIC. IGNORING. INGRAIN. INGRAINING. INNING. INORGANIC. IONIC. IRON. IRONIC. IRONING. NAAN. NAGARI. NAGGING. NANA. NARC. NARCO. NIACIN. NIGIRI. NOGGIN. NOIR. NONAGON. NONORGANIC. NOON. NORI. OARING. OCARINA. ONAGRI. ONGOING. ONION. ORANG. ORCA. ORGAN. ORGANIC. ORIGAN. ORIGIN. RACCOON. RACING. RAGA. RAGGING. RAGING. RAIN. RAINING. RANCOR. RANG. RANGING. RANGIORA. RANI. RARING. RICIN. RICING. RIGGING. RIGOR. RING. RINGING. ROAN. ROAR, ROARING. ROCOCO.

## Puzzle 36 – Solution

| | | | | | | | | | | | | | | | |
|---|---|---|---|---|---|---|---|---|---|---|---|---|---|---|---|
| | | | | | | 1 | 💣 | 1 | | 2 | 💣 | 2 | | | |
| | 1 | 1 | 2 | 1 | 1 | 1 | 1 | 2 | 1 | 4 | 💣 | 4 | 1 | | |
| 1 | 2 | 💣 | 2 | 💣 | 1 | | | 2 | 💣 | 4 | 💣 | 💣 | 2 | | |
| 💣 | 2 | 1 | 3 | 2 | 2 | | | 2 | 💣 | 3 | 3 | 💣 | 2 | | |
| 2 | 3 | 1 | 2 | 💣 | 1 | | | 1 | 1 | 1 | 1 | 1 | 2 | 1 | 1 |
| 💣 | 2 | 💣 | 3 | 3 | 2 | 1 | | 1 | 1 | 1 | 1 | 1 | 2 | 💣 | 1 |
| 1 | 2 | 2 | 💣 | 3 | 💣 | 2 | | 1 | 💣 | 2 | 2 | 💣 | 2 | 1 | 1 |
| | | 1 | 1 | 3 | 💣 | 2 | | 1 | 1 | 2 | 💣 | 4 | 4 | 2 | 1 |
| | | | | 1 | 1 | 1 | | 1 | 1 | 2 | 2 | 💣 | 💣 | 💣 | 1 |
| 1 | 2 | 1 | 1 | | | | | 1 | 💣 | 1 | 1 | 3 | 4 | 4 | 2 |
| 💣 | 2 | 💣 | 2 | 1 | 1 | | | 1 | 1 | 1 | | 1 | 💣 | 3 | 💣 |
| 1 | 2 | 1 | 2 | 💣 | 2 | 2 | 2 | 2 | 1 | 2 | 1 | 3 | 4 | 💣 | 3 |
| | | | 2 | 2 | 3 | 💣 | 💣 | 2 | 💣 | 3 | 💣 | 3 | 💣 | 💣 | 3 |
| | | | 1 | 💣 | 2 | 2 | 2 | 2 | 1 | 3 | 💣 | 3 | 3 | 💣 | 2 |
| | | | 1 | 1 | 1 | | | | | 1 | 1 | 1 | 1 | 1 | 1 |
| | | | | | | | | | | | | | | | |

## Puzzle 37 – Solution

| | | | | | | | | | | | | | | | | | | | |
|---|---|---|---|---|---|---|---|---|---|---|---|---|---|---|---|---|---|---|---|
| W | I | S | T | E | R | I | A | P | J | C | O | O | M | Y | I | L | X | L | Z |
| I | Y | S | B | W | G | H | Q | E | Q | X | H | Z | P | O | E | O | P | A | X |
| P | X | L | I | L | Y | O | F | T | H | E | V | A | L | L | E | Y | D | V | Y |
| A | K | I | I | U | M | N | R | V | H | D | Q | J | U | K | N | D | T | E | H |
| S | S | N | H | X | E | E | W | G | H | K | Q | L | M | N | V | P | W | N | H |
| C | D | Z | Z | D | K | Y | K | Q | Y | H | Z | P | E | O | N | Y | S | D | E |
| C | K | H | R | B | J | S | V | O | G | Z | I | N | R | X | B | P | S | E | M |
| V | O | Q | F | U | U | U | J | F | Z | P | M | Y | I | V | J | O | N | R | D |
| L | W | N | V | X | Z | C | T | T | Q | Y | N | O | A | O | A | H | X | E | S |
| F | L | O | M | O | C | K | O | R | A | N | G | E | A | I | S | Y | U | L | E |
| K | M | A | G | N | O | L | I | A | F | I | P | H | C | O | M | W | D | I | S |
| P | S | Q | R | I | P | E | H | P | R | C | G | J | T | N | I | Y | H | L | H |
| H | W | P | I | A | K | U | L | V | E | O | D | V | Y | O | N | C | F | A | I |
| T | E | J | P | L | L | W | Q | P | E | T | W | S | E | R | E | D | O | C | B |
| I | E | I | C | S | B | Z | N | T | S | I | P | V | L | M | K | C | S | X | E |
| Z | T | D | G | A | R | D | E | N | I | A | O | Z | S | F | L | P | D | Q | C |
| Z | P | F | H | R | O | B | M | W | A | N | K | M | Z | H | J | F | A | Z | X |
| S | E | Q | I | M | S | V | A | U | H | A | H | I | G | E | L | X | E | W | Y |
| W | A | N | S | C | E | L | P | P | Q | O | L | K | K | S | V | E | Y | U | Q |
| O | H | C | B | J | T | K | L | V | U | R | R | W | G | U | Q | D | F | L | O |

Rose
Jasmine
Lavender
Wisteria
Honeysuckle

Lilac
Freesia
Plumeria
Sweet Pea
Mock Orange

Peony
Gardenia
Magnolia
Nicotiana
Lily of the Valley

## Puzzle 38 – Solution

| | | | | | | | | | | | | | | | |
|---|---|---|---|---|---|---|---|---|---|---|---|---|---|---|---|
| 3 | 13 | 15 | 10 | 16 | 12 | 2 | 4 | 1 | 6 | 8 | 5 | 7 | 14 | 11 | 9 |
| 2 | 7 | 5 | 4 | 14 | 3 | 6 | 8 | 10 | 13 | 9 | 11 | 16 | 1 | 12 | 15 |
| 1 | 9 | 11 | 6 | 15 | 5 | 13 | 7 | 12 | 2 | 16 | 14 | 4 | 3 | 8 | 10 |
| 16 | 8 | 14 | 12 | 9 | 10 | 11 | 1 | 4 | 7 | 15 | 3 | 2 | 6 | 13 | 5 |
| 14 | 16 | 1 | 15 | 6 | 7 | 5 | 13 | 11 | 9 | 4 | 2 | 12 | 8 | 10 | 3 |
| 8 | 5 | 6 | 9 | 10 | 14 | 1 | 3 | 16 | 12 | 13 | 15 | 11 | 2 | 7 | 4 |
| 12 | 3 | 10 | 13 | 4 | 11 | 9 | 2 | 6 | 14 | 7 | 8 | 15 | 16 | 5 | 1 |
| 7 | 11 | 4 | 2 | 8 | 15 | 16 | 12 | 5 | 1 | 3 | 10 | 6 | 9 | 14 | 13 |
| 13 | 10 | 8 | 5 | 1 | 6 | 15 | 9 | 3 | 4 | 2 | 7 | 14 | 11 | 16 | 12 |
| 6 | 15 | 12 | 3 | 13 | 2 | 7 | 10 | 14 | 11 | 5 | 16 | 9 | 4 | 1 | 8 |
| 11 | 2 | 7 | 1 | 3 | 16 | 4 | 14 | 13 | 8 | 12 | 9 | 10 | 5 | 15 | 6 |
| 9 | 4 | 16 | 14 | 11 | 8 | 12 | 5 | 15 | 10 | 6 | 1 | 3 | 13 | 2 | 7 |
| 15 | 6 | 3 | 11 | 12 | 13 | 8 | 16 | 2 | 5 | 10 | 4 | 1 | 7 | 9 | 14 |
| 4 | 14 | 13 | 8 | 7 | 1 | 3 | 15 | 9 | 16 | 11 | 12 | 5 | 10 | 6 | 2 |
| 5 | 1 | 9 | 7 | 2 | 4 | 10 | 11 | 8 | 15 | 14 | 6 | 13 | 12 | 3 | 16 |
| 10 | 12 | 2 | 16 | 5 | 9 | 14 | 6 | 7 | 3 | 1 | 13 | 8 | 15 | 4 | 11 |

# Puzzle 39 – Solution

Camelia Japonica
Gardenia
English Ivy
Juniper
Euonymus
Privet
Bay Laurel
Viburnum Tinus
Bamboo
Dogwood
Hibiscus
Choisya Ternata
Sarcococca Confusa
Daphne Odora
Silver Birch
Erica Cinerea
Scots Pine
Marjoram
Melissa Officinalis
Spurge Laurel
Japanese Yew
Oleander
Periwinkle
Azalea
Pyracantha
Boxwood
Fatsia Japonica
Rosemary
Gorse
Mistletoe
Bougainvillea
Cistus
Lavender
Dwarf Willow
Rowan
Holly
Thyme
Sweet Woodruff
Winter Savory
Hornbeam

## Puzzle 40 – Solution

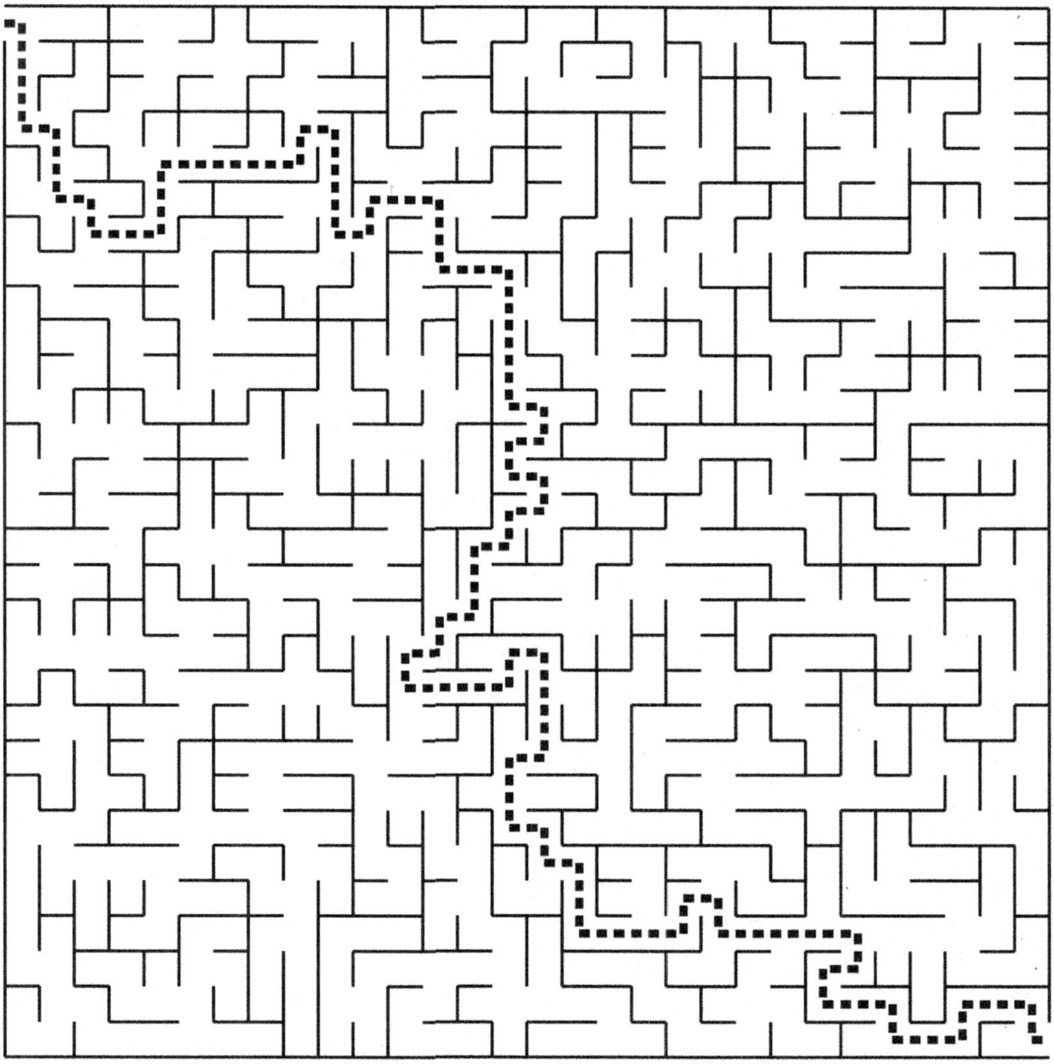

# Puzzle 41 – Solution

| | | | |
|---|---|---|---|
| Mtojoi | MOJITO | arSinga | SANGRIA |
| TiiaM a | MAI TAI | Pmsmi | PIMMS |
| ntMnaahat | MANHATTAN | uiriqaDi | DAIQUIRI |
| o WeshkSyuri | WHISKEY SOUR | maptonoisoCl | COSMOPOLITAN |
| tniriaM | MARTINI | dolroy BMya | BLOODY MARY |
| ecTelndagdaolLn ls | LONG ISLAND ICED TEA | Caloi nPada | PINA COLADA |
| aimsoM | MIMOSA | SusiaTinuqerel | TEQUILA SUNRISE |
| zAte polripSr | APEROL SPRITZ | pSiarei gSlgonn | SINGAPORE SLING |
| Ao Smoruteret | AMERETTO SOUR | hc RmnuPu | RUM PUNCH |
| eitnpMJlu | MINT JULEP | oiaR yKelr | KIR ROYALE |
| pierit EnsssaoMr | ESPRESSO MARTINI | iFniz Gz | GIN FIZZ |
| tRNas iylu | RUSTY NAIL | c nehoSt exeahB | SEX ON THE BEACH |
| imsC muPp | PIMMS CUP | rua oSLenrvde | LAVENDER SOUR |
| iri inMuqitDa | MINT DAIQUIRI | rigtaaaMr | MARGARITA |
| uiPFnMarisiasin t rot | PASSION FRUIT MARTINI | rNeCainosgs cil | CLASSIC NEGRONI |
| hFnOeoail dsd | OLD FASHIONED | oewoM usMlc | MOSCOW MULE |
| aien lauHaBiw | BLUE HAWAIIAN | zus ikBzcF | BUCKS FIZZ |
| yt irnrMDia | DRY MARTINI | lrokErtawiefeCcld lo | ELDERFLOWER COCKTAIL |
| e hsileoCrff | IRISH COFFEE | TSireepyh emll | SHIRLEY TEMPLE |
| deLnnr tvieiaMar | LAVENDER MARTINI | reatrrbiruDawSii yq | STRAWBERRY DAIQUIRI |

# Puzzle 42 – Solution

| | | | | | | | | | | | | | | |
|---|---|---|---|---|---|---|---|---|---|---|---|---|---|---|
| | 22↓ | | 14↓ | 30↓ | 13↓ | | 7↓ | | 27↓ | 23↓ | 24↓ | 4↓ | | 30↓ |
| 7→ | 7 | 14→ 9↓ | 6 | 1 | 7 | 7→ 10↓ | 7 | 22→ 38↓ | 2 | 7 | 9 | 4 | 6→ 30↓ | 6 |
| 26→ | 8 | 1 | 3 | 5 | 2 | 7 | 19→ | 6 | 1 | 5 | 7 | 3→ 5↓ | 2 | 1 |
| 22→ | 1 | 2 | 5 | 7 | 4 | 3 | 35→ 45↓ | 5 | 3 | 2 | 8 | 4 | 6 | 7 |
| 10→ | 4 | 6 | 3→ 9↓ | 3 | 8↓ | 27→ 10↓ | 3 | 8 | 7 | 9 | 10→ 4↓ | 1 | 5 | 4 |
| 2→ | 2 | 40→ 32↓ | 9 | 6 | 8 | 1 | 4 | 7 | 5 | 4→ 19↓ | 4 | 13→ 38↓ | 4 | 9 |
| | 5→ 21↓ | 5 | 8→ 33↓ | 8 | 25→ 26↓ | 6 | 5 | 2 | 9 | 3 | 18→ 16↓ | 6 | 9 | 3 |
| 24→ | 8 | 7 | 9 | 25→ 16↓ | 5 | 3 | 8 | 9 | 16→ 37↓ | 2 | 8 | 5 | 1 | 17↓ |
| 21→ | 4 | 1 | 3 | 6 | 7 | 39→ 5↓ | 2 | 1 | 4 | 8 | 7 | 9 | 3 | 5 |
| 36→ | 2 | 4 | 7 | 8 | 9 | 5 | 1 | 17→ 13↓ | 9 | 5 | 1 | 2 | 8→ 7↓ | 8 |
| 23→ | 7 | 9 | 1 | 2 | 4 | 25→ 12↓ | 9 | 7 | 8 | 1 | 16→ 13↓ | 8 | 7 | 1 |
| | 11→ 16↓ | 6 | 5 | 22→ 6↓ | 1 | 3 | 7 | 6 | 5 | 5→ 15↓ | 4 | 1 | 3→ 23↓ | 3 |
| 6→ | 6 | 10→ 11↓ | 8 | 2 | 15→ 9↓ | 9 | 6 | 31→ 8↓ | 3 | 4 | 9 | 7 | 8 | 7↓ |
| 14→ | 9 | 5 | 8→ 4↓ | 1 | 7 | | 16→ | 7 | 1 | 8 | | 11→ 3↓ | 9 | 2 |
| 16→ | 1 | 6 | 4 | 3 | 2 | | 11→ | 1 | 7 | 3 | 14→ | 3 | 6 | 5 |

## Puzzle 43 – Testing Trivia

1. Which annual garden show held in London is one of the most famous shows in the gardening calendar?
CHELSEA FLOWER SHOW

2. Which plant is known as the 'King of Flowers' and has been cultivated for thousands of years in China?
PEONY

3. Which herb is known for its calming effects and is commonly used in teas?
CHAMOMILE

4. Which plant is known for its ability to purify indoor air?
SPIDER PLANT

5. What is the term for the practice of growing plants in nutrient-rich water, often used in urban farming?
AQUAPONICS

6. What flower is the birth flower for April?
DAISY

7. What is the national flower of India?
LOTUS

8. What is the name of the UK TV gardeningprogramme, that Monty Don often presents?
GARDENERS' WORLD

9. Which house plant thrives in low light and is often called the 'cast iron plant'?
ASPIDISTRA

10. What primary plant nutrients do NPK stand for?
NITROGEN (N) PHOSPHOROUS (P) POTASSIUM (K)

## Puzzle 44 – Solution

FLUTTERY.

BRUTELY. BUTLERY. BUTTER. FLUTTER. UTTERLY.

BELFRY. BURLEY. BUTLER. BUTTER. BUTTLE. FLEURY. FLUTER. FLUTEY. FRETTY. RUBEFY. TETRYL. TREBLY. TUFTER. TURTLE. UBERTY

BERYL. BETTY. BLERT. BLUER. BLUET. BLUEY. BLURT. BRULE. BRUTE. BUFTY. BURET. BURLY. BUTLE. BUTTE. BUTTY. BUTYL. BUYER. FELTY. FERLY. FLEUR. FLUEY. FLUTE. FLUTY. FLUYT. FLYER. FLYTE. FYTTE. LEFTY. LUER. REBUT. REBUY. REFLY. RUBEL. RUBLE. RUTTY. TREYF. TRULY. TUBER. TUFTY. TURF. TUYER. TYLER. UTTER.

BELT. BLET. BLEY. BLUE. BLUR. BREY. BRUT. BURL. BURY. BUTE. BUTT. BYRE. BYRL. BYTE. FELT. FETT. FLEY. FLUB. FLUE. FRET. FUEL. FURL. FURY. FYLE. LEFT. LUBE. LURE. LUTE. LYRE. LYTE. REFT. RELY. RUBE. RUBY. RULE. RULY. RYFE. TELT. TERF. TREF. TRET. TREY TRUE. TRYE. TUBE. TUFT. TULE. TURF. TYER. TYRE. TYTE. YBET. YETT. YUFT. YULE. YURT.

## Puzzle 45 – Solution

| | | | | | | | | | | | | | | | |
|---|---|---|---|---|---|---|---|---|---|---|---|---|---|---|---|
| 10 | 3 | 15 | 8 | 6 | 13 | 4 | 9 | 14 | 5 | 7 | 11 | 12 | 16 | 2 | 1 |
| 1 | 6 | 13 | 16 | 5 | 11 | 15 | 14 | 4 | 2 | 8 | 12 | 9 | 10 | 3 | 7 |
| 7 | 14 | 4 | 9 | 12 | 16 | 1 | 2 | 3 | 6 | 10 | 13 | 5 | 11 | 8 | 15 |
| 5 | 2 | 11 | 12 | 10 | 7 | 8 | 3 | 15 | 1 | 16 | 9 | 14 | 13 | 6 | 4 |
| 11 | 15 | 9 | 2 | 13 | 12 | 14 | 4 | 6 | 3 | 5 | 8 | 7 | 1 | 10 | 16 |
| 4 | 13 | 5 | 6 | 8 | 1 | 10 | 7 | 16 | 9 | 11 | 15 | 2 | 12 | 14 | 3 |
| 16 | 8 | 12 | 7 | 11 | 9 | 3 | 5 | 2 | 10 | 14 | 1 | 6 | 15 | 4 | 13 |
| 3 | 1 | 10 | 14 | 16 | 15 | 2 | 6 | 12 | 13 | 4 | 7 | 8 | 9 | 5 | 11 |
| 9 | 7 | 1 | 3 | 15 | 14 | 13 | 11 | 10 | 16 | 6 | 2 | 4 | 8 | 12 | 5 |
| 15 | 16 | 14 | 13 | 2 | 3 | 5 | 12 | 8 | 7 | 9 | 4 | 1 | 6 | 11 | 10 |
| 6 | 10 | 2 | 5 | 7 | 4 | 16 | 8 | 1 | 11 | 12 | 3 | 13 | 14 | 15 | 9 |
| 12 | 4 | 8 | 11 | 9 | 10 | 6 | 1 | 13 | 14 | 15 | 5 | 3 | 7 | 16 | 2 |
| 2 | 11 | 7 | 4 | 3 | 6 | 12 | 15 | 9 | 8 | 13 | 16 | 10 | 5 | 1 | 14 |
| 8 | 5 | 3 | 10 | 14 | 2 | 9 | 13 | 11 | 15 | 1 | 6 | 16 | 4 | 7 | 12 |
| 13 | 12 | 16 | 15 | 1 | 8 | 7 | 10 | 5 | 4 | 2 | 14 | 11 | 3 | 9 | 6 |
| 14 | 9 | 6 | 1 | 4 | 5 | 11 | 16 | 7 | 12 | 3 | 10 | 15 | 2 | 13 | 8 |

## Puzzle 46 – Solution

| | | | | | | | | | | | | | | | | | |
|---|---|---|---|---|---|---|---|---|---|---|---|---|---|---|---|---|---|
| H | G | N | K | B | L | K | M | Q | F | C | W | E | I | V | K | W | K |
| P | E | A | C | E | L | R | P | C | S | Y | T | G | C | J | R | F | P |
| L | U | E | H | B | C | H | A | R | L | O | T | T | E | X | M | X | N |
| C | Y | W | N | E | W | D | A | W | N | K | J | Y | B | L | A | N | X |
| O | B | Z | Y | L | U | Y | C | R | U | D | H | L | E | P | L | A | L |
| C | A | K | R | V | T | Z | F | L | Z | X | O | N | R | B | B | C | F |
| K | U | G | T | E | F | E | S | V | X | K | E | A | G | A | E | C | Q |
| J | D | D | J | D | E | Y | E | P | Z | K | L | X | S | L | R | W | D |
| O | H | A | P | E | Y | O | N | M | K | N | I | L | Q | L | T | H | A |
| A | B | C | R | R | J | V | T | I | D | L | Z | J | O | E | I | I | W |
| Y | B | Z | W | E | D | D | I | N | G | D | A | Y | T | R | N | S | Q |
| G | T | D | E | S | D | E | M | O | N | A | B | F | Z | I | E | P | F |
| L | L | O | D | F | H | Y | E | N | J | U | E | G | T | N | G | E | Y |
| V | C | O | N | S | T | A | N | C | E | P | T | M | D | A | D | R | M |
| D | D | G | W | X | B | M | T | M | M | N | H | Y | W | L | F | O | P |
| S | N | M | K | D | O | G | A | Z | I | Q | Q | Z | X | D | Q | D | M |
| H | T | C | C | E | C | I | L | E | B | R | U | N | N | E | R | F | R |
| E | K | R | A | N | G | E | L | H | Z | T | T | D | U | Y | Z | Z | Q |

| | | |
|---|---|---|
| Peace | Angel | Iceberg |
| Whisper | New Dawn | Elizabeth |
| Desdemona | Ballerina | Albertine |
| Belvedere | Constance | Charlotte |
| Sentimental | Wedding Day | Cecile Brunner |

## Puzzle 47 – Solution

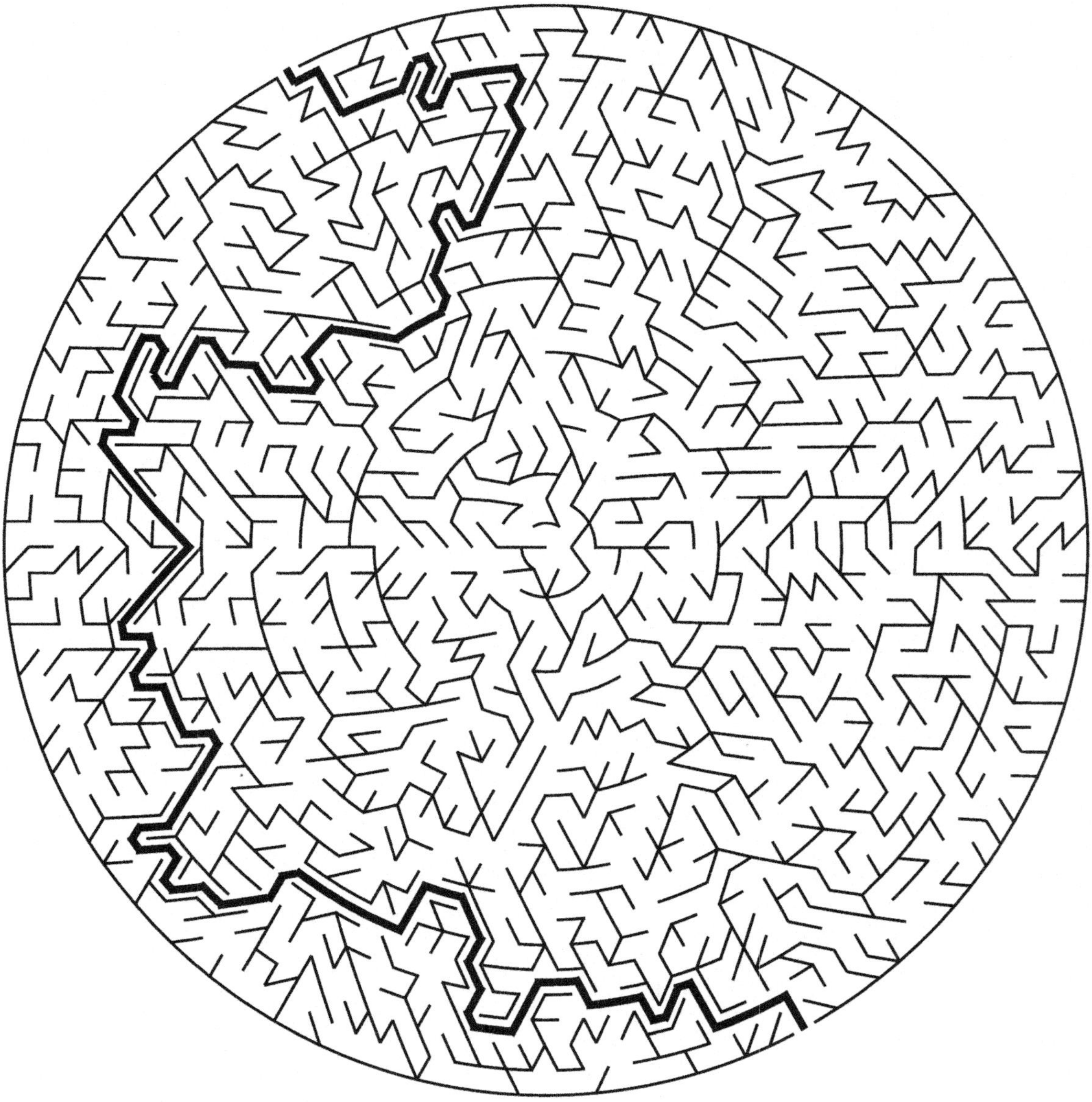

# Puzzle 48 – Solution

| | | | | | | | | | | |
|---|---|---|---|---|---|---|---|---|---|---|
| | 27↓ | 34↓ | 38↓ | | | 35↓ | 9↓ | 15↓ | 9↓ | |
| 19→ | 4 | 6 | 9 | 5↓ | 28→ | 8 | 6 | 5 | 9 | 45↓ |
| 17→ | 6 | 4 | 2 | 5 | 6→ 20↓ | 1 | 3 | 2 | 2→ 8↓ | 2 |
| 16→ | 1 | 7 | 8 | 9→ | 7 | 2 | 16→ 11↓ | 8 | 5 | 3 |
| 10→ | 5 | 1 | 4 | 16→ | 8 | 6 | 2 | 10→ | 2 | 8 |
| 24→ | 8 | 9 | 7 | 9→ 35↓ | 1 | 5 | 3 | 7→ 12↓ | 1 | 6 |
| 44→ | 3 | 2 | 5 | 7 | 4 | 9 | 6 | 8 | 9→ 18↓ | 9 |
| | 16→ 18↓ | 5 | 3 | 8 | 4→ 20↓ | 4 | 12→ 19↓ | 3 | 5 | 4 |
| 9→ | 9 | 7↓ | 16→ 10↓ | 9 | 7 | 19→ 17↓ | 9 | 1 | 4 | 5 |
| 36→ | 5 | 1 | 8 | 6 | 4 | 9 | 3 | 10→ 3↓ | 9 | 1 |
| 44→ | 4 | 6 | 2 | 5 | 9 | 8 | 7 | 3 | 7→ | 7 |

# Puzzle 49 – Solution

| | |
|---|---|
| Pots | Watering Can |
| Seed Tray | Thermometer |
| Shelving Unit | Potting Bench |
| Garden Gloves | Trowel |
| Garden Stool | Teapot |
| Biscuit Tin | Plant Mister |
| Garden Stakes | Bamboo Poles |
| Seed Packets | Garden Twine |
| Plant Supports | Heater |
| PH Meter | Plant Food |
| Soil Scoop | Staging |
| Tidy Tray | Shading |
| Potting Compost | Plant Labels |
| Puzzle Book | Compost Scoop |
| Tomato Plants | String |
| Capillary Matting | Propagator |
| Cloche | Wellington Boots |
| Netting | Radio |
| Comfy Seat | Rooting Hormone |
| Plant Fleeces | Plant Saucers |

## Puzzle 50 – Lady Muck Style Trivia

1. What is Lady Muck's Happy Place?
A Her Greenhouse B Her Potting Shed C Her Wine Fridge?
ALL OF THE ABOVE

2. What flowers does Lady Muck like to plant alongside her tomatoes to deter aphids?
A Pansies B Marigolds C Agapathus
B MARIGOLDS

3. What kind of biscuits does her Ladyship keep in her Greenhouse Biscuit Tin?
A Chocolate Hobnobs B Ginger Thins C Digestives
A CHOCOLATE HOBNOBS

4. What chore does Lady Muck like to delegate to Lord Muck?
A Weeding B Digging C Pruning
B DIGGING

5. What flowers does Lady Muck grow to attract Bees?
A Honeysuckle B Lavender C Borage
ALL OF THE ABOVE

6. How does Lady Muck celebrate the first Raspberries of Summer?
A Buys cream B Throws a boozy garden party C Makes Crumble
ALL OF THE ABOVE

7. What does Lady Muck grow in her garden to make liquid food fo her plants?
A Comfrey B Nettles C Seaweed
A & B

8. How does Lady Muck deter Carrot Fly?
A Asks them politely to leave
B Plants Alliums & Chives
C Plants Garlic
B & C

# Notes

Use the next few pages to jot down anything you need to help you crack the puzzles!

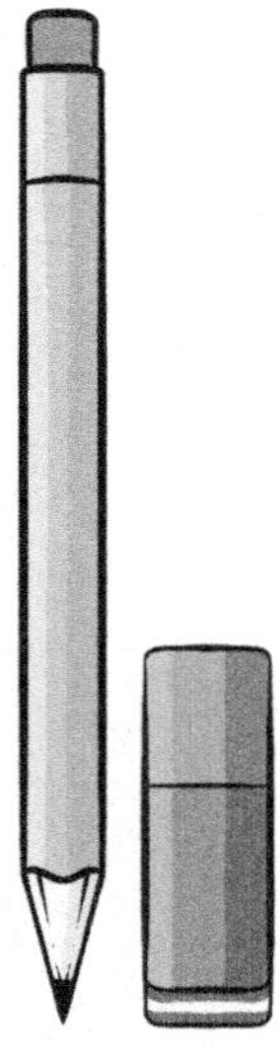

# Notes

# Notes

# Notes

# Notes

## About The Author

After a career in marketing, Catherine lost over a decade of her life to illness and even now, knows relapse can hit at any time. The world of Lady Muck Style – part fantasy, part reality, 100% fun – is her escape – and like so many gardeners, spending time in nature is absolutely key to her health and wellbeing.

She now lives in Andalucia with her husband in a beautiful cortijo overlooking the sea. Gardening and Writing are her passions, so you will usually find her tending her vegetable garden or tapping away at her keyboard, smiling.

To discover more books in the Lady Muck Style series and read her amusing magazine articles, visit www.ladymuck.style or scan the QR code below

You can also connect with Lady Muck on Instagram, Facebook & Twitter.
Just search @ladymuckstyle

Printed in Great Britain
by Amazon

55174069R00064